실전!
일본어
동시통역

우 기 홍

제이앤씨
Publishing Company

머리말

통번역대학원을 졸업하고 전문 통번역사로 활동한지 벌써 13년이 훌쩍 지났다. 되돌아보면 정말 치열하게 공부하고 미래에 대해 고민하던 시기였으며 즐거운 시절이기도 했다. 당시에는 통역 스터디에 쓸 텍스트를 고르는 데에 시간을 많이 썼고 괜찮은 자료들은 동기들끼리 공유도 했었다. 이 때부터 이런 책 하나쯤 있으면 좋겠다는 생각을 했었고 구상을 하기 시작 했다. 그 구상의 결과물이 이 책이라 할 수 있다.

이 책은 통역의 준비 단계부터 통역을 마치고 반성하는 단계까지의 방법을 알려줌으로써, 학습자가 동시통역을 준비하고 통역하는 데 있어서 길라잡이가 될 것이다. 그리고 실제 통역을 했던 자료를 사용하여 학습자에게 현장 감각을 익히거나 또는 감각을 유지할 수 있는 기회를 제공할 것이다. 또한 아나운서가 녹음한 음성이 아니라 실제 연사가 연설할 당시의 육성을 녹음한 파일을 그대로 사용하여 통역 연습 시 현장감을 더욱 높여줄 뿐만 아니라 리스닝 연습에 도움이 될 것이다.

하지만 어찌 보면 이 책은 매우 불친절하다. 학습자가 통역에 필요한 단어나 지식들을 제공해 주지 않는다. 실제 통역 현장에서 단어장이 주어지는 일은 매우 드물며 통역사가 준비 과정에서 전부 조사하고 공부하며 만들어야 한다. 이 책 또한 마찬가지이다. 학습자 여러분이 저자의 단어장이 아닌 여러분 본인만의 단어장을 만들어서 통역에 임해야 한다. 다른 사람이 만들어 놓은 단어장을 가지고 통역에 들어가는 통역사는 없다. 물론 그 전에 읽어 보고 숙지를 했다면 다른 이야기겠지만. 아무리 연습이라 하더라도, 귀찮더라도, 주어진 자료를 읽으면서 단어장을 만들고 사전 공부를 한 후, 통역 연습에 임하기를 바란다. 학습자 여러분의 건투를 빈다.

자료를 엄선하고 저작권 문제를 해결하는 데 시간이 많이 걸렸다. 물론 본인의 게으름이 가장 큰 몫을 차지한 것 같다. 하지만 이렇게 출간의 길을 열어주신 제이 앤씨에 감사의 말씀을 드린다.

2018년 추석 보름달을 보며

저자 우기홍

목차

프로로그

 통번역사의 윤리 강령(Code of Ethics)[1]

1. 전문적인 행동(Professional Conduct)

▶ 통번역 업무 전 사전 준비를 철저히 한다.

▶ 업무에 있어 고객에게 특권이나 영향력을 행사하지 않는다.

▶ 통번역사는 고객에게 팁을 요구하거나 받지 않는다.
   (그러나 문화적 맥락에서 작은 선물은 받을 수 있다.)

▶ 약속 시간과 납기 시한을 준수한다.

▶ 약속한 통번역 업무를 완수한다.

2. 기밀 유지(Confidentiality)

▶ 전문 분야에서 일하는 사람과 마찬가지로 통번역 내용의 기밀을 준수한다.

▶ 팀워크가 필요한 경우, 팀 전원이 기밀을 준수해야 한다.

▶ 업무상 알게 된 정보를 활용하지 않는다.

▶ 클라이언트의 동의를 구한 경우에만 정보를 공개한다.

3. 실력(Competence)

▶ 고객의 요구 시 자격요건을 분명히 밝혀야 한다

---

1) https://ausit.org/AUSIT/Documents/Code_Of_Ethics_Full.pdf 참고.

▸ 사전에 프로젝트에 필요한 사항을 파악하고 필요한 준비를 이행한다.

▸ 자신의 능력에 맞는 업무를 맡는다.

4. 공정성(Impartiality)

▸ 개인적인 신념이나 기타 상황으로 인해 공정성을 유지하기 어려운 경우 업무를 수락하지 않는다.

▸ 통번역사는 고객의 의견에 책임을 지지 않는다.

▸ 통번역사는 개인의 의견을 피력하지 않는다.

▸ 통번역사는 개인의 이익을 위해 다른 비즈니스 또는 에이전시를 고객에게 추천하지 않는다.

5. 정확성(Accuracy)

▸ 통번역사는 원문 내용을 정확하고 완벽하게 전달한다.

▸ 통번역 내용을 변경, 추가, 삭제하지 않는다.

▸ 실수를 한 경우 즉시 수정한다.

▸ 불분명한 사항은 반복 또는 설명을 요청할 수 있다.

6. 업무 영역의 명확화(Clarity of role boundaries)

▸ 통번역 업무와 다른 업무의 명확한 경계에 대해 합의해야 한다.

▸ 통번역 업무 이외의 지지, 안내, 조언과 같은 역할을 하지 않는다.

▸ 타인이 통번역사의 역할을 오해하거나 부적절한 기대를 하지 않도록 주의를 환기시킨다.

7. 프로로서의 관계 유지(Maintaining professional relationships)

▸ 프리랜서로 일하는 경우, 고객과 에이전시를 정직하고 투명하게 대한다.

▸ 업무 관련 참고자료나 배경정보를 요청할 수 있다.

▸ 통역사의 피로를 피하기 위해 좌석 배치 및 적절할 휴식을 제공받아야 한다.

8. 업무 관련 자기 계발(Professional Development)

▸ 통번역사는 지속적인 교육 및 연수를 통해 기술 및 지식을 향상시켜야 한다.

▸ 해당 서비스 언어능력 및 통번역 실력을 꾸준히 유지해야 한다.

▸ 동료들간에 전문성 개발을 지원하고 장려한다.

9. 동료간 단합 (Professional Solidarity)

▸ 통번역 업계의 이익을 도모하고 동료를 지원하며 서로간 필요한 지원을 제공한다.

▸ 동료와의 분쟁은 협조적이고 건설적, 전문적인 방식으로 해결한다.

아직 우리나라에는 통번역사협회의 윤리 강령이 없다. 교육기관에서도 비즈니스 매너정도로 가르치고 있는 수준에 그치고 있어, 호주의 통번역협회에 있는 통번역사 윤리강령을 소개하였다. 이는 통번역 일을 하는데 있어 아주 중요한 기본에 해당하며 이를 지킴으로써 전문 통번역사로서의 품위를 지켜 나가기 바란다.

통역 크리틱 방법

먼저 본인의 통역을 스마트폰 등을 사용하여 녹음을 한다.

통역 크리틱은 먼저 거시적으로 통역 전체의 흐름을 보고 그 후에 세부적인 내용을 체크하는 방식으로 실시한다.

1. 전체적인 통역의 내용과 흐름을 보고 문제가 있는지 살펴본다.

- ▶ 문장을 완성하지 못 하고 다음 문장을 통역했다.
- ▶ 중간 중간 "어~" "음~" 등 갭 필러가 많이 들어가지는 않았는지.
- ▶ 전반적으로 부정확한 발음으로 통역을 하지는 않았는지.
- ▶ 단어나 표현을 자주 수정 또는 고치지는 않았는지.

등을 본다.

2. 그 후 세부적으로 통역의 내용이 틀린 부분이 있는지 살펴본다.

- ▶ 숫자나 단위, 연도에서 틀린 부분은 없는지.
- ▶ 시제가 틀리지 않았는지. ("할 것이다"를 "했다"로 통역했다면 엄청난 실수)
- ▶ 빼먹고 통역한 부분은 없었는지.

등을 본다.

녹음을 하는 이유는 본인이 생각한 것과 입을 통해 발화하는 내용이 다른 경우가 상당히 많다. 이를 직접 들어보면 전체적으로 어떤 부분을 고쳐야 하는지, 세부적으로는 어떤 부분이 틀렸는지를 확인할 수 있다. 본인이 말을 할 때 어떤 습관이 있는지 자각하지 못 했던 부분도 알 수 있으니 꼭 해보기 바란다. 다만 불행한 이야기일 수는 있으나, 본인의 통역 녹음을 듣고 있으면 졸음이 엄습하는 경우가 많으니 주의할 것.^^;

음성 파일 활용법

이 책은 동시통역을 해 보고자 하는 학습자에게 통역 준비와 통역 후 크리틱에 대한 내용을 알려주는 책이기는 하지만, 학습자의 어학 수준에 따라 음성파일을 여러 용도로 활용할 수 있기 때문에 그 방법을 소개하고자 한다.

1. 셰도잉

실제 통번역대학원생들도 많이 연습을 하는 방법으로 청취능력 뿐 아니라 발음을 교정하는 데 있어서도 많은 도움이 된다. 학창시절 농담으로 한말 또 하기, 앞말 따라하기 등으로 말하기도 했다.

한쪽 귀에 이어폰을 끼고 음성 파일을 들으면서 1-2초 뒤에 들리는 말을 따라서 발성한다. 언뜻 쉬운 것처럼 보이지만 한국어->한국어로 해도 잘 되지 않는다. 이는 듣는 뇌와 말하는 뇌를 동시에 사용해야 가능한데 이런 트레이닝이 되어 있지 않으면 쉽지가 않다. 때문에 셰도잉은 동시통역의 기초 단계에서 꼭 해야 하는 트레이닝이라 할 수 있다.

원래는 뉴스를 들으면서 아나운서의 정확한 발음과 악센트를 들으면서 연습하는 것이 가장 효과적이겠으나 실전 통역 현장에서는 아나운서처럼 깨끗한 발음으로 연설하는 사람은 그렇게 많지 않다. 실전 음성파일에서 속도가 느린 것부터 따라 하거나, 내용이 쉬운 것부터 들으면서 셰도잉 트레이닝을 하는 것도 좋을 거라 생각한다.

2. 셰도잉 2단계

이제 어느 정도 셰도잉에 익숙해졌다면 연사의 말을 5-7초 정도 뒤에서 따라가 보자. 이는 듣는 연습과 발성 연습에 더해 메모리 연습까지 더해진 트레이닝이다. 처음에는 셰도잉 1단계를 연습할 때와 마찬가지로 잘 되지 않을 것이다. 정신도 없고. 하지만 이런 연습을 하는 이유는 말이 막혔을 때나 듣지 못 했을 때 단어나 문장을 생각해 내거나 유추를 할 수 있는 시간을 벌어준다. 라디오 방송에서 3초간 정적이 흐르면 방송사고로 치는 것과 마찬가지로 동시통역에서도 리시버에서 3초 이상 통역이 나오지 않으면 통역사고로 생각해야 한다. 그때까지 통역에 신경을 쓰지 않던 청중들이 통역부스를 바라보기 시작하고 통역에 더 귀를 기울이며 이상한 부분은 없는지 찾기 시작하기 때문이다. 실은 저자 또한 이 연습을 했으나 정말 하기 귀찮은 연습 중 하나다. 1단계는 지금도 하고 있지만 2단계는 하다 말다 한다. 본인도 하기 귀찮은 연습을 독자에게 하라고 하는 것은 양심상 허락치 않아 이렇게 이실직고를 한다. 하지만 꼭 도전해 보길 바란다.^^

참고 : 이 책의 순서는 텍스트의 난이도 순으로 정한 것이 아니다.
　　　　통역사의 심리적 안정도라고나 할까?

「1. 텍스트를 100% 그대로 읽어주는 케이스.」「2. 텍스트에 살짝 내용을 추가하는 케이스.」「3. PPT 자료.」「4. 영어 자료.」「5. 자료 없음.」「6. 자료와 전혀 상관없는 내용 발표.」1→6으로 갈수록 내용의 난이도와 상관없이 통역사의 심리적 안정도는 많이 떨어진다고 볼 수 있다. 사전에 준비하기 힘들고 내용을 파악하기 어렵기 때문이다. 실제 동시통역 현장에서는 3번 케이스가 가장 많다고 할 수 있다. 4번의 경우도 점점 늘어나는 추세다. 영어 공부도 짬짬이 해 놓는 게 좋을 듯하다. 이 책의 구성은 1→6으로 구성이 되어 있다.

제1장
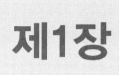

磯竹島略図発見の経緯とその意義
－ 太政官指令から見えてくるもの －

통역 브리핑

주　　제	磯竹島略図発見の経緯とその意義 －太政官指令から見えてくるもの－
연 설 자	漆崎英之 牧師
연설시간	약 50분 + Q&A(약 10분)
통역상황	행사장 뒤편에 있는 간이 부스.
준 비 물	사전 발표 자료, 정리한 단어장, 포트스 잇, 노트테이킹 노트, 필기구, 노트북, 개인 헤드셋[1], 음료수[2] , 테이프[3] 등

---

1) 개인의 성향에 따라 자신이 선호하는 헤드셋을 가지고 다니는 통역사도 있다. 귀를 완전히 덮는 헤드폰은 더우면 땀이 잘 차고, 노이즈캔슬링 기능이 있는 헤드셋은 본인의 통역하는 목소리가 잘 안 들리는 경우가 있어 잘 사용하지 않는다. 어디까지나 개인 성향에 따라 다르니 다양한 제품을 사용해보고 자신에게 맞는 헤드셋을 찾기 바란다.
2) 음료수의 경우, 본인은 사과주스를 선호하는 편이다. 사과주스는 비타민C가 풍부하여 세포를 활성화하고 피로회복에도 좋기 때문이다. 어디까지나 개인의 취향이니 참고하기 바란다.
3) 사전에 공부하면서 정리한 단어장을 통역 부스 앞에 붙이기 위해 필요하다.

◉ 통역 준비

☑ 발표 자료는 일주일 전에 받았으며 사전에 공부할 시간은 충분히 있었음.
자료를 보면서 단어정리를 하고 단어를 익숙하게 입에서 나오게 연습한다.

☑ 연사에 대해 검색해 보고 YOUTUBE 등에 연설 영상 등이 있는지 검색해 본다.
영상이 있다면 들어보면서 연사의 발음에 익숙해지도록 한다.

☑ 현장에 가면 꼭 연설자와 만날 것.
연설문을 그대로 읽으면서 발표할 것인지 아니면 다른 내용을 첨가하면서 발표한
것인지 확인 할 것. (연설문을 그대로 읽는다고 했으며 시간이 부족하여 중간에
생략을 한다고 하였음)

☑ 민감한 단어인 竹島를 어떻게 한국어로 통역하기를 바라는지 주최측과 상의.
"억지 독도"로 해달라는 요청을 받음. 이 부분이 매우 중요. 통역을 잘 해도 이 부
분 틀리면 소위 통역 말아먹은 거나 다름 없으니 주의할 것.

☑ 통역은 대개 파트너와 15분씩 교대로 하지만, 상황에 따라서는 내용별로 나누거
나 단락별로 나눠서 해도 된다. 파트너와 미리 상의해서 나눠 놓으면 된다.

磯竹島略図発見の経緯とその意義

－ 太政官指令から見えてくるもの －

日本キリスト改革派金沢教会

牧師　漆崎英之

はじめに

　今回、主催者である慶尚北道独島財団より、お招きいただきましたことを心から感謝申し上げます。6月18日、大阪で開かれた「竹島の日を考え直す会」主催の集会で、貴財団の方々と初めてお会いしました。集会を終えて共に食事し帰る時には既に親しくなっていました。

　わたしが、これまで参加した独島問題の集会や会議、セミナーは、どれもみな心に深く残るものでした。歴史の事実と誠実に向き合い、独島の辿ってきた不幸な歴史を研究し、独島が担わされた歴史を丹念に叙述しようとするその姿勢に心打たれてきました。

　わたしは、独島問題の専門の研究者ではありません。石川県金沢市にある日本キリスト改革派金沢教会の一介の牧師に過ぎません。多くの方々は、どうして牧師が独島問題を、と思われるのではないでしょうか。そのような真面目な問いに対して、わたしはクラース・スキルダー(オランダの代表的神学者1890-1952年)の次の言葉をもってお応えしたいと思います。

　「政治と教会。これらは二つのものなのか？確かにそれらは二つのものである。しかし、生きるということは一つのことなのだ。一つの領域で機能する原理は、他の領域においても精神を一定の方向に強いることになるのである。教会的・神学的領域において説教されたことが、他の領域においても、例えば政治的領域においても、働く者たちを通り過ぎることはありえないのである。」(「信仰告白としてのファッシズムとの戦い　－オランダ改革派教会の場合－　10-11頁　牧田吉和著　日本キリスト改革派西部中会8.15集会「教会と国家」パンフレット第3号　2006年」

その上で、わたしが、どのようにして独島問題と出会い、独島が韓国の領土であると認識するに至ったかについて話したいと思います。2013年2月、嶺南大学の独島問題セミナーでお話ししたことをベースに語らせていただきます。

　この6月30日、嶺南大学の李ソンファン教授・宋フィヨン教授、ケイムン文化大学の岡田卓巳先生によって、「日本太政官と独島」という1877年3月29日の太政官指令本文並びに付属文書、付図磯竹島略図、全体を網羅する解説書が韓国語で出版されました。この先、現代日本語に翻訳の上、日本での出版を計画されていると伺っています。このような長年にわたる労苦に心から敬意と感謝を表します。

1. 独島問題に関わるようになった理由

　わたしが独島問題に関わるようになったきっかけは、2005年3月にさかのぼります。わたしを含めて7名の者が、大邱の大神大学で説教と講演をいたしました。わたしは天皇制軍国主義に基づく韓半島侵略の罪について説教し、友人の牧師は、神社参拝強要の罪について説教しました。

　この時期は、島根県による「竹島の日」制定間近ということで、独島問題は、韓国において極めて関心が高い時期でした。そのため独島問題について全く触れないでおくことはできない状況でした。

　わたしは、説教の前日、日本のある人に、「竹島はどちらのものか調べておいてくれないか？」と電話をかけました。その夜、再び電話をしたところ、「これはとても難しい問題で、簡単に答えを出せる問題ではない。」という返事が返ってきました。しかし、そのとき、その人は、竹島は日本の領土だとは言いませんでした。

　わたしは困ってしまいました。そこで、わたしは、これまで自分が積み上げてきた歴史的な事実認識に照らして語る決心をしました。

　700名の学生に向かって、「1905年の竹島(独島)の島根県編入は納得しがたいものである」と述べました。これが、わたしがこのとき語ることのできる精一杯の認識でした。

　このように語った理由は、島根県編入当時の両国の歴史的状況が心に引っ掛かったからです。即ち、編入1年前の1904年2月23日、日本は朝鮮国に対し、その外交権を統制し、朝鮮国内の戦略的重要地点の強制占有を可能とする日韓議定書を締結させました。さらに同年8月22日、朝鮮国掌握のための外交顧問と財政顧問の指定を可能とする第一

次日韓協約を締結させるといった類のことを次々と強圧的に行っていたからです。

　まさに天皇制軍国主義による侵略の剣が朝鮮国を射抜こうとする企てが着々と進行している最中の時期に、島根県に編入された竹島(独島)が、果たして日本固有の領土であり得るのだろうかという、素朴で根源的な問いがわたしの心を捉えたからです。

　わたしは、自らが学んだ上で、もう一度、学生たちの前で語る約束をして帰国しました。

　帰国後、「日本の独島領有権主張について謝罪」(3月10日　中央日報)という報道を知り驚きました。当時は驚きましたが、今はそのときの報道の構図が理解できます。報道の本質としては「天皇制軍国主義に基づく韓半島侵略と植民地支配について謝罪」でも、「日本の独島領有権主張について謝罪」でも、それほど大きな差異はない。これが、わたしの現時点における認識です。

　重要なことは独島問題が持つ本質です。即ち、韓国にとって独島問題とは、日本の天皇制軍国主義がもたらした侵略と植民地支配の走り(始まり)であるという認識です。韓半島侵略の罪について語る中で独島問題に触れるということは、必然的に侵略の走りとしての「日本の独島領有権主張について謝罪」という報道の構図になるということです。侵略と植民地支配を受けた側の被害国からすれば、こうした認識というものは当然の帰結であろうと思うのです。

　中央日報の報道に対して、実にいろいろな意見がインターネット上を駆け巡り始めました。それらには出来るだけ目を通すようにいたしました。直接、間接のメールも頂戴いたしました。日本領有を主張する方々も韓国領有を主張する方々も、それぞれが自分の考えや意見を表明されておられるのを見て、わたしは、「こんなにも大勢の人々がネット上で熱い思いを表明されているのだから、わたしも自分の立場や認識を明らかにするための学びを始めなければならない」と本気で考えるようになりました。そのときから、独島関連の書籍や資料(史料)に目を通し始めました。

　もし、中央日報の報道を受けて、大勢のネットユーザー各位からの応答がなかったならば、わたしが独島問題に今のように関心を抱くこともなく、独島問題は自分とは関わりのない問題として、わたしの傍らを通り過ぎて行ったに違いありません。結果、太政官指令の付図「磯竹島略図」も、わたしによって見出されることもなかったはずです。

2．小袋の中に一枚の付図「磯竹島略図」が

　帰国して数週間後、ある書物の中で、「竹島外一島の件については、日本と関係がないことを心得べし」という太政官指令本文が原本では朱書きされているという一文に出会いました。朱書きされている原本を、何としてでもこの目で確認したいという思いから、2005年4月、公文書館に初めて行きました。原本の閲覧には、事前の申請と許可が必要だということをそこで初めて知り、その日は、白黒のマイクロフィルムリーダーから出力した白黒コピーのものをプリントアウトして持ち帰りました。

　自宅に戻り、ＦＡＸにて原本の開示申請を行うことにしました。申請書記入に向けて、心は緊張状態に陥りました。「どのような理由づけなら原本の開示が認められるのか。今回、開示が認められなかった場合、この先、二度、三度と開示申請ができるのだろうか。できたとしても開示の許可がおりるだろうか。」こうしたことばかりを考えて日を過ごしました。そして、申請理由に嘘があってはならないと強く思いました。「決定本文が朱書きされていると、ある研究書に記されていましたが、それが事実なのか、また、そうであるならばその意味について考えたいので原本の開示をお願いします」と正直に理由を記載しました。開示の許可がおりた後も緊張状態は続きました。

　何故こんなことで緊張するのかと思われる人がおられると思います。こうした緊張を聖書では霊的戦いと呼びます。真実や事実と虚偽の峻別を明らかにするときに生じる霊の戦いがもたらす緊張です。

　日本の国(政府)というのは、国家に都合の悪いことについては国民の前から隠蔽(いんぺい)しようとする体質を持っているという認識が、これまでわたしの中に培われた日本政府(国家)に対する認識でした。その認識からするならば、竹島(独島)が日本の固有の領土であると主張し続ける日本の国家にとって、決定的に不都合なこうした資料(史料)の原本が、開示可能な状態におかれているということ自体、不思議でなりませんでした。わたしの認識としては、日本政府としては、あってはならないことをしていると思ったからです。いつ開示されなくなってもおかしくないと思いました。

　もう2年前になるでしょうか。ある方から、今は認められなくなったということをお聞きしました。いつかこの原本の開示が認められない時がやってくるに違いな

いと、緊張をもって見ていたことが遂に起こったという思いがしました。

ひと月後の5月20日、ようやく原本を自分の目で見、自分の手で触ることができました。確かに決定本文と日付が朱書きされていました。それは128年の時(1877年から2005年までの期間)を超えて、あたかも今、毛筆で記されたのではないかと思うほど鮮やかな朱色を放っていました。

それ以上に驚いたことは、原本には綺麗に折りたたんだ一枚の付図が収められていたことです。マイクロフィルムにも末尾に「他に一葉付す」(記憶による)という但し書きが記載されていることを、後にある方から教えていただいたことがありました。わたしは、マイクロフィルムにあるその一文を見落としていたのです。しかし、マイクロフィルムには、この但し書きだけで付図は収められていませんでした。

袋から取り出した付図を公文館2階の机上で広げたとき、「磯竹島略図」と記された付図にも関わらず、「松島」(現竹島、独島)も描かれていました。静かで落ち着いた閲覧室で「磯竹島略図」を眺めながら、「こんなにも鮮明な地図(付図)が存在しているではないか。太政官指令の外一島が今日の竹島(独島)であることは一目瞭然ではないか。」と思いました。

同時にその一方で、付図の存在と中身については、わたしが知らなかったのであって、故内藤正中先生や朴炳渉先生はじめ、韓日を問わず専門の研究者各位は既に知っておられるに違いないと思いました。専門の研究者各位が付図について知らないということは、わたしには考えられないことだったからです。

それでも、わたしにとっては決定的な意味を持ちました。太政官指令本文の「外一島」と付属文書が語る「松島」、そしてこの「磯竹島略図」を合わせて考えるならば、「外一島」が今日の「竹島」(独島)であることは、余りにも明らかだったからです。付図には、現、欝陵島には「磯竹島」、現、独島には「松島」という島名が、付図中の当該島の中に明瞭に記載されていました。

今ほど申しましたように、一方では、「わたしが知らないだけだ」という思いがあったものですから、2006年2月のアトランタや、同年5月25日の高神大学での講演においては、見れば一目瞭然、余りにも当り前すぎて説明することも憚れるということと、研究者の間では既に知られているに違いないという意識が働いて、資料として提供しながら付図について説明することは一切しませんでした。説明する必要もないほど「外一島」が独島であることは余りにも一目瞭然だったからです。

2006年6月7日、釜山MBCテレビのニュースデスクという番組が、高神大学での講演で提示した「磯竹島略図」を画面一杯に映し出しました。

　同じ頃、原本から複写した「磯竹島略図」を含む「日本海内竹島外一島地籍編纂方伺」の画像データーを「竹島＝独島問題研究ネット」代表の朴炳渉先生に送りました。朴先生はその中の「磯竹島略図」を見て、「これまで目にしたことのない資料(史料)である」と言われ、直ちにインターネット上に公開してくださいました。「磯竹島略図」の史料的価値と意義を正しく理解し、ネット上で公開されたのは朴炳渉先生が初めてでした。わたしも朴先生が速やかに公開してくださったことを心から嬉しく思いました。書籍においては、故内藤正中先生と朴炳渉先生が書かれた「竹島＝独島論争」(2007年3月1日　新幹社)が初めての公開となりました。

　ですから、この「磯竹島略図」が資料(史料)としてもつ価値と意義については、その当時、朴炳渉先生や故内藤正中先生、それに啓明大学の岡田卓巳先生などの研究者の方々によって、わたしの方が教えていただいたような次第です。

　「磯竹島略図」が、わたしによって見出されたことの意味があるとするならば、その一つはこの資料(史料)を複写保存するための拘りにあったと言えます。

　実際の閲覧によって、不安が増しました。既述しましたように、いつの日か、このような資料(史料)原本の閲覧が認められない日、時代がやってくるのではないかという不安です。

　出来る限りの方法で複写保存しなければと思いました。「複写・出力申込書」に請求番号2A102032と記載し、デジカメによるＣＤ－Ｒによる保存と35ミリフィルムによる2種類の方法で複写保存することにしました。

　2005年6月17日、3度目、太政類典からの複写保存も公文録と同じ方法で複写保存しました。

　10月25日、4度目、これが最後です。朱書きの太政指令本文や「磯竹島略図」などを６０ミリ×７０ミリサイズのフィルムで保存するためです。引き伸ばしたときフィルムが大きい分、鮮明な画像を得ることができるからです。こうして複写保存は終了しました。

3.「磯竹島略図」の意義
さて「磯竹島略図」の意義について、思うところをお話しさせていただきます。

「磯竹島略図」発見によって、「日本海内竹島外一島地籍編纂方伺」(竹島外一島、日本版図外指令)に関する公文録資料(史料)群の全体が揃いました。最後の資料(史料)、それが「磯竹島略図」でした。この略図によって、指令本文中の「外一島」、即ち、付属文書内の「松島」を竹島(独島)以外の島と取り違えることが起こり得なくなりました。略図が発見されていなかったときも、当該公文録資料(史料)と真摯に向かい合った研究者たちは、付属文書の記述から、「外一島」とは竹島(独島)であるという正しい結論に当然のごとく達していました。略図は、こうした研究者たちの研究の結果が正しかったことを更に確証するものとなったのです。

　太政官指令本文と付属文書、それに今回加わった略図といった一連の資料(史料)群と対話するならば、「外一島」が松島(独島)であることは明瞭です。朴炳渉先生が「『公文録』に書かれた外一島である松島が独島であることは、『公文録』付属の『磯竹島略図』を見れば一目瞭然である」(「下條正男の論説を分析する」)90頁「独島研究」第4号　2008年　嶺南大学独島研究所)と記している通りです。これによって、「外一島」がどの島を指しているのか判然としないなどと言う見解が退けられ、「外一島」が独島であることが、一目瞭然のもと理解できるようになったのです。

4．歴史的事実に目を背ける日本という国
外務省への問い合わせ

　竹島外一島版図外指令について、日本外務省の対応についてみてみます。これまで外務省のアジア太洋州局、北東アジア課に3度、問い合わせをしたことがあります。問い合わせの内容は、太政官指令において、竹島(独島)を日本領外としたことについての確認です。

　一度目のときは、「それは、どういう意味で否定したかということです」という趣旨の返答でした。二度目は2006年2月でしたが、「ホームページに載せてあるものが全てであって・・・今すぐそれについて答えは持っていないので、上の方に上げて対応するようにしたいと思う」という返事でした。

　3度目は、2013年の2月でした。次のようなやり取りでした。

漆崎　　この太政官決定に付図が付いておりまして、磯竹島と松島と、はっきりと島名が記されているんですけれども、日本政府としては外一島というのは、今日の竹島、韓国名、独島であるという認識は変らないんですね。

外務省　そうですね。

漆崎　それはもう地図の中にはっきりと書かれていることですから。

外務省　はい。

漆崎　そういう認識ですね。

外務省　はい。

漆崎　それを是非、アップしてほしいと思います。

外務省　はい、わかりました。それでは担当の者にはその旨、伝えておきますので。

　初めての問い合わせをしてから11年以上が経過しましたが、外務省のホームページには、竹島外一島版図外指令について未だ公表されていません。

歴史的資料(史料)によって論駁する

　わたしたちが歴史的事実を正しく知ろうとするならば、その土台となる歴史的資料(史料)に目を向けなければなりません。歴史を検証するためには、それを裏づけるための確かな資料(史料)が必要になってきます。

　2012年8月23日の衆議院予算委員会において、自民党の石破茂委員は次のように述べています。「・・・・ずっと日本が実効支配をしていた。これは鳥取、島根の時代からそうですよ、鳥取藩の時代からね・・・・」

　また当時の野田首相は2012年8月24日の総理記者会見で次のように述べました。

　「竹島は歴史的にも国際法上も、日本の領土であることは何の疑いもありません。江戸時代の初期には幕府の免許を受けて竹島が利用されており、遅くとも17世紀半ばには我が国は領有権を確立していました」

　こうした発言について歴史的資料(史料)に基づいて検証してみましょう。鳥取県立博物館に所蔵されている資料(史料)によれば、1695年12月24日、幕府は「竹島(欝陵島)の他に因伯両国に付属の島はあるか」と鳥取藩に質問状を出し、鳥取藩は「竹島(欝陵島)松島(独島)その外両国に付属の島はない」と回答していたことが分かります。

　このとき、幕府は鳥取藩の回答に松島(独島)が記載されていたことによって、竹島(欝陵島)のそばに松島(独島)があることを初めて知ったのです。このため幕府は改めて松島(独島)についての詳細を鳥取藩に照会しました。これに対し1696年1月25

日、鳥取藩は幕府へ「松島(独島)は鳥取藩領ではない」と回答しました。

　幕府が松島(独島)の存在を初めて知ったのは、1696年1月ですから、それ以前の時期となる17世紀半ばに、現、竹島(独島)の領有権を日本が確立していたなどとは言える訳はないのです。こうした資料(史料)によって、わたしたちは17世紀半ばには日本が領有権を確立していたという日本政府の主張の誤りを見抜き、これを論駁することができるのです。

国家ナショナリズムの道具として利用される竹島問題

　竹島問題をめぐる国会中継や記者会見の放映によって、多くの日本国民が、竹島は日本の領土であると思い込むようになったのではないかと思います。国家が歴史的事実と異なる認識を国民の前に示すとき、多くの国民が為政者の誤った事実認識に惑わされることが起こります。史実と異なることを信じるようになります。こうした思い込みが国民の間に浸透拡大していくことは、非常に危険なことです。竹島問題によって、日本人の韓国に対する感情は大きく悪化しました。

　竹島(独島)問題には、国家ナショナリズムの危険な罠が絶えず潜んでいると言えます。国家ナショナリズムの危険性は次の点にあります。それは、「何らかの紛争のために民族感情が動員され、敵対感情がある程度以上に煽り立てられた場合、その収拾が極めて難しいものとなる」(塩川伸明著「民族とネイション」208頁　岩波新書2008年)からです。

　独島を日本の版図(領土)外と確認、決定した日本中央政府の最高の公的文書である太政官指令に日本政府自らが目を背けている、その行為自体が国家ナショナリズムの危険性を生み出す罠となっているということです。

　日本のマスコミの報道姿勢にも問題があると感じています。例えば、1877年の太政官指令の存在について、わたしを通して知った某大手新聞、某支局の記者が記事にしようとしたことがあります。その記者は熱心に取材しました。しかし、それがデスクのところでストップがかかってしまいました。理由は、竹島問題は1905年の島根県編入を起点として考えるということで、それ以前の歴史は問わないという方針だということでした。

　また別の某新聞社の記者も記事にするために、太政官指令の資料を入手しようと

公文書館に行かれましたが、その日は休館日だったということで入手できなかったということでした。そこでCD-Rをその記者の方に差し上げたことがあります。もう8年ほど前のことですが記事にはなりませんでした。

　マスコミが真にその使命を果たそうとするならば、国家に抗って(あらがって)、こうした資料(史料)を積極的に国民の前に、その国に生きる人々の前に明らかにしていくことが求められます。

5．人は騙せても歴史的事実を変えることはできない

　故、内藤正中先生は、日本外務省の姿勢を、「過去の歴史と真正面から向きあおうとせず、歴史の一部をご都合主義でつまみ食いして、その一方で、自分の主張と相容れない事実は無視して顧みない」(「竹島＝独島問題入門」64頁)と批判しておられます。

　この批判が意味するところは、歴史の事実と真正面から向き合い、これを尊重していくならば、独島問題もまた解決の筋道を見出すことができるということです。

　わたしたちが自分の人生の過去の歴史を消すことができないように、国家も自らの国の歴史を消すことはできません。しかし、自らの国の歴史に省み、過去の過ちを悔い改めるならば、その上に新しい未来を築いていくことは可能なのです。自らの国の歴史に心から学ぶとは、国家自らがその時代の歴史に刻みつけた足跡としての歴史的資料(史料)に目を向け、これを尊重し、これに聴き従うと言うことです。

　太政官指令本文の「外一島」が、「独島」(松島)であることを確証する付属文書やその付図である「磯竹島略図」、鳥取藩の回答といった極めて重要な資料(史料)は、日本政府だけでなく、これに目を注ぐすべての人に対して、その人が過去の歴史的事実に真実に向かい合うかどうかを映し出す鏡であると言えます。この鏡の前に、わたしたち一人一人が、一人の人間として誠実に立つことが求められているのです。「磯竹島略図」のもつ歴史的、今日的意義はここにあると言えます。

　アジア・太平洋戦争において、真珠湾攻撃隊の総司令官、日本海軍の中佐であった淵田三津雄は、敗戦後、キリスト教の伝道者になり、米国で謝罪と和解の伝道旅行を続けました。その彼が次のような言葉を残しています。

　「無知は無理解を生み　無理解は憎悪を生む　そして憎悪こそは人類相克(対立する

ものが互いに相手に勝とうと争うこと)の悲劇を生む　無知から生まれる憎しみの連鎖を断ち切らねばならぬ　これこそ『ノーモアー・パールハーバー』の道である」

おわりに

　太政官指令の本文中の「心得事」という言葉に目を向けて終わります。「心得事」とは、竹島(欝陵島)外一島(独島)の件については日本領外であることを承知せよ。即ち、欝陵島及びその属島である竹島(独島)は日本の領土ではないことを弁えよということなのです。もっとわかりやすく言うならば、他国のものを貪るな。盗むなということなのです。

　今日、集会に参加されている皆様の研究活動が、独島問題の平和的解決のために更に豊かに資するものとなりますよう祈ります。ご清聴、有り難うございました。

　※注：因幡は現在の鳥取県東部、伯耆は鳥取県の中部と西部のこと

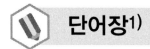

단어장1)

磯竹島	いそたけしま	기죽도, 울릉도
太政官	だじょうかん 발음주의	태정관
竹島の日		억지 독도의 날

---

1) 실제 통역 준비를 하면서 본인이 직접 정리해 보기 바란다. 단어 정리 등 통역 준비를 하고 실제 통역을 해보면 어떤 식으로 통역 준비를 해야 하는지 감을 잡을 수 있다.

통역 크리틱[1]

체크 사항	상	중	하
전반적으로 부드럽게 통역을 해 나갔는가.			
통역 속도는 일정하였는가.			
통역 시 목소리 톤은 일정하였는가.			
문장을 끝까지 완성하였는가.			
숫자나 연도는 틀리지 않았는가.			
단어나 표현이 빠지지는 않았는가.			
오역은 없었는가.			
불필요한 소리 (어~, 음~) 등이 있었는가.			
부정확한 발음은 없었는가.			
침묵 시간이 길지는 않았는가.			
더듬거나 문장을 다시 바꾸지는 않았는가.			

* 빈칸에 본인이 느낀 체크 사항을 기입하고 크리틱을 한다.

통역 난이도[2] :

연설 속도	발음	내용
중(약간 느림)	상(좋음)	중(약간 어려움)

연설 속도	발음	내용

---

1) 이 부분은 학습자가 실제로 통역을 하고 이를 녹음해서 체크해 보기 바란다.
2) 어디까지나 개인적인 의견이며 참고만 하길 바란다. 학습자의 생각도 적어보자.

Q&A 시간 통역이 통역사의 진정한 실력을 볼 수 있는 시간이라고 한다. 그만큼 어떤 질문이 나올지도 모르고 어떤 상황이 펼쳐질지도 모르기 때문이다.

또한 통역 시 얼버무리며 넘어가거나 제대로 통역이 안 되었을 시에, Q&A 시간에 그 부분에 대한 질문이 자주 나온다. 본인은 제대로 통역을 했다고 생각하지만 청중에게 제대로 전달이 안 되어서 질문이 나오는 경우이다. 이런 부분도 통역이 끝난 후에 꼼꼼히 체크를 해보기 바란다.

● 몇 퍼센트의 내용을 통역하면 잘 한 것일까?

통역 교육을 하다 보면 동시통역의 경우 발표 내용의 몇 퍼센트를 통역하면 잘 한 것이냐는 질문을 자주 받는다. 영어와 달리 한국어와 일본어의 유사성 등 언어의 특성상 기대치가 상당히 높다. 통번역 대학원에서도 90% 이상은 내용이 나와야 한다고 가르치고 있는 것으로 알고 있다. 실제 현장에서 톱클래스 통역사는 거의 100% 나온다고 해도 과언이 아닐 정도로 다 통역이 된다고 보면 된다. 이를 위해서는 말이 빨라야 하며, 표현들이 바로바로 나와야 가능하다. 물론 내용을 요약하거나 정리해서 통역을 하는 스타일을 선호하는 통역사도 있다. 목표를 높게 설정하고 이를 달성하기 위해 부단히 노력하기 바란다.

● 동시통역 시 휴지기(침묵시간)는 몇 초까지 괜찮을까?

실제로 통역 현장에서 통역을 잘 하고 있을 때는 청중들은 리시버로 통역을 들으면서도 별로 신경을 쓰지 않는다. 그러나 통역이 제대로 나오지 않게 되면 그때부터 리시버에 더욱 신경을 쓰며 통역 내용에 집중을 하고, 자주 뒤를 돌아보면서 통역 부스를 보기도 한다.

통번역 대학원 시절 특강 강사로 아나운서께서 온 적이 있다. 한국어 발화 시의 톤과 억양에 대한 내용을 배웠는데 이때 라디오의 경우 3초간 침묵시간이 흐르면 방송사고라고 했다. 동시통역의 경우 리시버를 통해서 통역 내용을 듣기 때문에 라디오와 비슷한 점이 많으니 참고하라는 말도 생각이 난다.

실제로 대학원에서도 휴지기가 길면 안 되기 때문에 처음에는 어떤 말이라도 하라고 지도받은 적이 있다. 그만큼 휴지기가 길면 안 된다. 아무 말도 안 하는 것 보다는 "그러니까~", "음~" 등 갭 필러(gap filler)로 아직 통역이 끝나지 않았다, 통역이 나가고 있다는 느낌을 주는 것도 임시적 방편이라 할 수 있다.

제2장

제4차 산업혁명시대 대응을 위한 지역과 산업별 훈련수요 탐색

 통역 브리핑

주 제	제4차 산업혁명시대 대응을 위한 지역과 산업별 훈련수요 탐색
연 설 자	야하타 시게미 (八幡 成美) 元法政大学教授
연설시간	약 20분
통역상황	오전 10시, 한영일 릴레이 통역
준 비 물	사전 발표 자료, 정리한 단어장, 포트스 잇, 노트테이킹 노트, 필기구, 노트북, 개인 헤드셋, 음료수, 테이프 등

통역 준비

☑ 현장에 가면 꼭 연설자와 만날 것.

☑ 2일째 발표였는데 현장에서 당일 발표문을 받음.
발표문 공부할 시간이 부족할 것 같으니 발표문을 읽는 형식으로 발표해 주기로
하였음.

☑ 시간이 부족한 관계로 파트너 통역사와 발표문을 전반과 후반으로 나누어 각자 담당한 부분을 시역(Sight Translation)하며 단어 정리에 들어 감.

☑ 다른 나라와 달리 꼼꼼한 일본인의 성격상 발표문을 적어오는 경우가 많다. 발표문이 있는지 항상 확인을 하고 가능하면 미리 받아 볼 수 있도록 신경을 써야 한다.

　昨日は　①第４次産業革命による雇用への影響の推計方法とその結果、②中央、地域職業訓練協議会の活動実態、③第４次産業革命を推進する上で、中心的な担い手となるIT人材の受給見通しについての３つのポイントから報告しました。

　第４次産業革命による雇用への影響の推計方法とその結果については、経済産業省の産業構造審議会(Industrial Structure Council)の「新産業構造ビジョン」(Future Vision toward 2030s)と民間シンクタンクのMRIの研究結果を紹介しました。

　MITIの予測では2015年度と2030年度の雇用者数の比較で、現状のままに放置すると735万人の雇用減となり、変革を進めれば161万人減と見込まれている。ここで使われた予測のモデルは①マクロ経済モデル、②産業構造モデル、③就業構造モデルの3つのモデルの組み合わせです。

　第4次産業革命による生産性向上、成長産業への経済資源の円滑な移動、ビジネスプロセスの変化に対応した職業の転換を考慮して、2030年度のGDPや所得水準などのマクロ経済動向、部門別生産額、部門別従業者数、職業別従業者数が試算されている。変革シナリオでは、AI・ロボット等による財・サービスの生産活動によるものである。

　民間シンクタンクのMRIの予測では、第4次産業革命の影響が大きい9つの分野について、15の将来シナリオを想定して、2030年の将来像とそれまでの道筋を予測している。産業分野は、①ものづくり・流通、②金融、③サービス、④農業、⑤医療・介護、⑥土木・建築の6分野。さらに分野横断的なものとして、①自動運転、②ホワイトカラー、③新産業分野の3分野で、合計9分野が取り上げられている。2030年の雇用者数は、240万人減少とより厳しい数字になっている。職種別では専門職、技術職を雇用増、事務職、生産工等の多職種は雇用減である。事務従事者への影響が最も多く、次いで生産工程従事者への影響が大きいです。

　2009年から厚生労働省内に中央訓練協議会が設置されている。そこでは新規成長分野や雇用吸収の見込まれる産業分野での人材ニーズを把握し、公共職業訓練の重点分野及びその実施規模、人材が定着・能力発揮できる環境整備の方策等について専門的に検討しており、ほぼ年2回のペースで開催されている。中央訓練協議会の構成員は、経済団体や労働団体から4名、教育訓練関係団体が3名、政府関係は、文部

科学省・厚生労働省・農林水産省・経済産業省・国土交通省・環境省が参加している。その他に、ニーズ把握等に係る協力団体(情報通信、介護・福祉、農業の団体等、雇用・能力開発機構、中央職業能力協会など)がオブザーバー参加している。中央訓練協議会は、必要に応じて、産業分野ごとのワーキングチームを設置・開催することができることになっている。

　2011年から各都道府県にも地域訓練協議会が設置されており、国が策定した全国規模の職業訓練実施計画を踏まえて、地域における求職者の動向や訓練ニーズに対応した実施分野及び規模の設定、訓練実施期間の開拓や地域の関係機関間の連携方策等について、企画・検討がなされている。構成メンバーは、①有職者、②労働団体その他産業界関係者、③教育訓練機関等の関係者、④地方公共団体の関係部署長、⑤都道府県労働局長などである。年2回開催しており、協議事項は①地域(都道府県)における公的職業訓練の訓練実施分野及び規模の設定に関すること。②訓練実施期間の開拓や関係機関の連携方策などに関すること。③公的職業訓練の効果的な実施の推進に関することなどである。

　訓練コースの検討の際には、公共職業安定所(Public Employment Security Office)の求人・求職情報を踏まえた求人企業側の訓練ニーズ、希望する訓練内容、効果的なマッチングのために必要と判断される訓練内容を集約・整理した上で、体系的に情報提供される。公共職業訓練機関は、このようなニーズを職業訓練計画の策定や訓練コースの設定等に活用し、その活用状況を各県にある労働局と共有する。また、各県の産業政策担当部局と連携して、誘致企業に必要な人材を確保、育成するための新たな訓練コースの設定などに反映させている。地域によっては、情報系分野の有効求人倍率は、2倍以上と高水準だが、公共職業安定所経由の就職率は60%未満にとどまる。ICT系の企業で求める人材の職業能力レベルが高度化しており、求められる知識・技能レベルを習得させるには訓練期間が短いなど、求人側の人材ニーズに対応しきれていない。現状把握・原因の分析を的確に行った上で訓練内容等の見直しなど適切な措置を講ずることが求められている。

　公共職業訓練は、成長分野の人材育成だけでなく、雇用のセーフティーネットとしての側面があり、両面に配慮する必要がある。そのため、第4次産業革命の進展に伴う労働力需要に直結した職業訓練はICT分野を除いて多くない。ソフトウェア人材、ITデータ人材、ITセキュリティ人材など育成すべき人材スペックや再訓練のメニューをの開発では、Polytechnic UniversityにThe Institute of research and development

があり、ここで教材/訓練コース開発、訓練技法/評価などの開発をしている。第4次産業革命に関連する分野は、高度ポリテクが企業のニーズに応える形で在職者訓練のコースを設定しており開設しており、ここで開発されたコースを全国のポリテクに展開する仕組みになっている。

政府は、学び直しの徹底支援をはかるため、ミドル層をターゲットにしたIT人材・ITデータ人材などの能力開発に重点を置くと同時に、成長産業への転職・再就職支援を訓練政策の鍵としている。つまり、在職者が産業界のニーズの高い成長分野に対応できるように、働きながら能力・スキルを獲得できる就業訓練を充実することで、職種転換・配置転換や職務の高度化に対応しやすくする必要がある。そのために、在職者向けの専用実践型教育訓練給付の拡充を進めている。

在職者個人の中長期キャリア形成支援を目的とする教育訓練給付制度の助成対象講座を2,500講座から5,000講座に拡大する予定で、なかでもITなどの就職者増が見込める分野と子育て女性のためのリカレント教育講座、土日、夜間講座増設、完全絵e—ラーニング講座の新設。出産などで離職後、子育てのブランクが長くかかっても受給を可能とするよ(4年以内を10年以内に変更)。給付率を6割から7割に増額、最大3年間で144万円を168万円に増額が検討されている。

これまでも技術進歩で失われた仕事はたくさんあったが、長期雇用慣行のもとで、柔軟な職務配置により、新しい仕事分野への配置転換、職種転換を進め、新規分野へは新規学卒者を内部育成する形で雇用を維持してきた。しかし、デジタル革命のスピードは速く、従来型の対応では対応しきれない恐れがあり、スピード感を持った改革が求められる。特にミドル層への影響が大きく、在職者訓練の重要性が増している。情報セキュリティや先端IT人材の確保のためには、大学の工学部を再編し、データサイエンス分野、AI分野を強化するとか、AI・ロボット関係の産学連携を強化するとか、中堅エンジニアの再教育のために大学の受け入れ体制を整備するとか、職業訓練機関では入門的なコースより高度なコースを新設するとかの改革が求められる。現在でも、ICT関係の人材不足は慢性的なのだが、賃金、労働時間などの面で、恵まれているとは言いがたい。忙しすぎて忙殺されている状況から、やりがいのある仕事に変え、生涯キャリアの面からも魅力ある仕事に変えていく必要があるICT業界で、長く働き続けるには、新規分野の開拓やプロジェクトマネージメントのできるIT人材へと一生できる障害キャリア形成支援が重要な課題となるだろう。

단어장[1]

MRI	三菱総研
METI	経済産業省
MITI	通商産業省

---

1) 실제 통역 준비를 하면서 본인이 직접 정리해 보기 바란다. 단어 정리 등 통역 준비를 하고 실제 통역을 해보면 어떤 식으로 통역 준비를 해야 하는지 감을 잡을 수 있다.

💬 통역 크리틱[1]

체크 사항	상	중	하
전반적으로 부드럽게 통역을 해 나갔는가.			
통역 속도는 일정하였는가.			
통역 시 목소리 톤은 일정하였는가.			
문장을 끝까지 완성하였는가.			
숫자나 연도는 틀리지 않았는가.			
단어나 표현이 빠지지는 않았는가.			
오역은 없었는가.			
불필요한 소리 (어~, 음~) 등이 있었는가.			
부정확한 발음은 없었는가.			
침묵 시간이 길지는 않았는가.			
더듬거나 문장을 다시 바꾸지는 않았는가.			

* 빈칸에 본인이 느낀 체크 사항을 기입하고 크리틱을 한다.

통역 난이도[2] :

연설 속도	발음	내용
중(약간 빠름)	중상(좋음)	중상(약간 어려움)

연설 속도	발음	내용

---

1) 이 부분은 학습자가 실제로 통역을 하고 이를 녹음해서 체크해 보기 바란다.
2) 어디까지나 개인적인 의견이며 참고만 하길 바란다. 학습자의 생각도 적어보자.

연설문을 읽는 형식으로 발표하겠다고 사전에 이야기를 했으나 시간적인 여유가 더 있음을 알고 내용을 추가하며 설명하며 시작했다. 이런 경우 당황하기 쉬운데 평정심을 유지해야 하며, 파트너는 자료의 어느 부분을 이야기하는지 빨리 찾아서 도와주는 역할을 해주어야 한다. 2-3자 이상의 한자어가 많이 나오기 때문에 주의하며 들어야 한다. 발표문에서 크게 벗어나는 내용이 없기 때문에 한자들을 빨리 눈에 익혀 놓으면 통역하는데 크게 어려움은 없을 것이다. 하지만 발표문이 없다고 생각했을 때에는 조금 상황이 달라질 것이다.

연설문이 있고, 그대로 읽겠다는 말을 들어도 방심을 해서는 안 된다. 어떤 상황이 벌어질지 모르기 때문에 끝까지 긴장을 해야 한다.

제3장

가상화폐 Project ICO 설명회

통역 브리핑

주 제	KINGS Project ICO 설명회
연 설 자	오누마 리쿠(大沼 陸) COO
연설시간	약 30분
통역상황	오전 10시, 리버스 ICO 발표, 한영일 릴레이 통역
준 비 물	사전 발표 자료, 정리한 단어장, 포트스 잇, 노트테이킹 노트, 필기구, 노트북, 개인 헤드셋, 음료수, 테이프 등

📎 통역 준비

☑ 현장에 가면 꼭 연설자와 만날 것.

☑ 발표 자료는 통역 1주일 전에 받아서 공부할 시간은 충분하였음.
  연설문도 확보하였으며, 추가하면서 발표한다는 말을 현장에서 들음.

☑ 발표자료와 연설문이 다 있을 경우에는 발표자료와 연설문을 페이지별로 비교하면서 각 페이지별로 어떤 내용을 이야기하려고 하는지 숙지한다.

☑ 블록체인은 최근에 이슈가 되고 있으나, 전문적인 용어가 많이 나올 확률이 있기 때문에 전반적으로 개념을 이해하고 전문용어를 숙지하도록 한다.

☑ 통역 시간이 짧아 파트너와 절반씩 교대로 하기로 하였다. 하지만 공부는 전체를 다했다.

初めまして。
ホンコンスカイキングインターナショナルインベストメント
COOの大沼です。

今回のKINGSプロジェクトの最高業務責任者を務めています。
どうぞよろしくお願いいたします。
私たちはプロジェクトを正確に伝えたいので、申し訳ありませんが日本語で失礼いたします。

——

早速ですが、皆様は仮想通貨でこのようなお悩みを抱えたことはありませんか?

・事業モデルがよく分からない。
・実際に利用出来る場所が少ない。
・投資したいけど不安がある。

私たちは、その全てを解決したいと思い、KINGSを作りました。

——

私たちのミッションは、仮想通貨を現実の決済インフラにするというものです。

——

具体的には、以下の5つの解決策を考えています。
一つ一つ簡単に説明していきますね。

——

1つ目、まずはブロックチェーンの処理速度になります。

私たちは、VISAネットワークに注目しました。

彼らが実現している処理速度は、5000/TXです。

クレジットカードで、ストレスを抱えたことはないですよね？

私たちは、イーサリアムをベースとして、オフチェーン技術を組み合わせ、ちょうどそれと同じ処理速度を実現しました。

——

続いて、世界で最もセキュリティの高いハードウォレットの開発を行います。

開発にはセキュリティで絶対の信頼があるフェリカシステムを活用し、カード型で構築していきます。

こちらは、世の中のすべての仮想通貨をデポジットしておける最高セキュリティのカードとなります。

——

セキュリティの高いウォレットを構築したら、それを利用する場所が必要です。

私たちは、Tienpayと資本提携を行いました。

彼らは世界各国にPOSレジの展開と取引所の設立を行っているベンチャー企業です。

それ以外にも世の中にすでにあるPOSレジとの連動を行うための

システム開発を行い、世界各国のシステムにつなぐことができるハードウォレットとして誕生する予定です。

——

続いて、私たちの最も特殊なシステムがこのPEGシステムです。

世の中のすべての仮想通貨には、ボラティリティリスクがあります。

私たちはこの変動リスクのないコインを設計できるオープンソースを構築します。

大手企業が、自分の通貨を無償で、簡易的に開発ができるようになります。

——

早速事例を見てみましょう。

例えばセブンイレブンが私たちのシステムを利用したらという例を用いて説明します。

まず、セブンイレブンは、私たちのシステムを利用して、オリジナルのコインを作ります。これは、1コインあたり1USDとして固定した金利でスタートします。

——

コインを作ったら、様々な取引所に上場をしていきます。

ちょうどUSDTのようなものを想像してください。

ここで、ユーザーは、1USDで固定された通貨を買ったり売ったりできるようになります。

この時、ガスとして使用するのがKINGSになります。

——

さて、実際の現場ではどう利用されるのかを見てみましょう。

実際にセブンイレブンの店舗では、ユーザーがレジに並び、好きなものを購入します。ここでも、手数料としてガスが発生する仕組みです。ここまでであれば、何らクレジットカードと変わりません。

私たちの面白い取り組みは、この一人一人のユーザーには、趣味趣向があり、そのデータをKYCと紐付けることで、ビッグデータ化し、ユーザーの趣向の移り変わり

をリアルタイムで分析できるところにあります。

企業は私たちのシステムでオリジナルのコインをつくることで、ユーザーのビッグデータをより鮮明にし、

・商品開発に活かしたり、
・ユーザーを特定した広告展開
ができるようになります。

では、ユーザーのメリットは？
と言うと、コインを持つことで丁度株主優待のようなボーナスを受け取ることができるだけでなく、店舗で買う商品が割引になります。

私たちのこのブロックチェーンをつかった画期的な取り組みが評価され、日本、中国で上場企業との締結の話まで出ております。

…

我々の仕組みはおわかりいただけましたでしょうか？

私たちは、まず自分たちのシステムをローンチする前に、自分たちでも決済の場を作っていきます。

それが、世界でも最大級のエンタテイメントクルーズ船になります。

皆様の前にお見せできるのはこれからになりますが、世界でも例をみない、仮想通貨だけで決済可能なクルーズ船になる予定です。

…

さて、私たちの取り組みを彩るメンバーを簡単にご紹介します。

オーストラリア取引所に上場した経験をもつ、ティンペイの代表、元ファウェイの
COO、時価総額世界第6位のテンセント顧問、台湾のウェルダングループ取締役、日
本で唯一のマイクロソフト社外取締役、など、華やかな肩書きあるメンバーで構成
されています。

…

仮想通貨業界においても、絶大な力をもつトークンニュースにも取り上げられまし
た。

…

また、ここで発表ができないことが残念なのですが、とても大きな中国企業との契
約も間もなく完了いたします。

詳しくは公式テレグラムをフォローしてください。

…

ご清聴ありがとうございます
カムサハムニダ。

Speaker

本日のスピーカーについて

Riku Onuma　（リク・オオヌマ）

- Hong Kong Sky King International Investment Ltd. COO

日本において2014年株式会社H2Oを設立し、多種多様な上場企業のクロースストラテジーを担う。

2015年株式会社Jolie&Co.を設立しソーシャルアプリを構築しハイアウト。2016年には株式会社 HolisticStyleBookを設立し富裕層向けメティア構築を行い、同分野ての存在感を誇る。

またブロックチェーン/ICOを含むテジタルソリューションおよびマーケティングについて造詣か深く、WEBアフリケーション構築・PR戦略・システム開発においての実務実績多数。本トークンにおいてブランティング及びストラテジー全域を務める。

Question

仮想通貨に対して、こんなお悩みを感じていませんか？

サービス・プロダクト

投資しているけど、サービスの実態はよくわからないなぁ。

マーケティング戦略

仮想通貨を利用できる場所や施設なんてほとんどないよね。

投資について

確実に成功する投資を行なっていきたいけど、最近は不安が多い。

私たちKINGSは、**仮想通貨にまつわる様々な悩みを解決することができます。**

About KINGS

私たちについて

> Our mission

「 私たちは、仮想通貨を現実社会の決済インフラに変えていきます。 」

仮想通貨はこれまで価値さえ上がればいいものとして脚光を浴び、プロジェクトについては蔑ろにされている側面がありました。

市場には詐欺のような仮想通貨が溢れ、世界は規制を余儀なくされている実態があります。

私たちは改めて仮想通貨の良いポイントを見つめ直し、再編集して現実世界に落とし込むソリューションを開発していきます。

Service

私たちの取り組みについて

トランザクション
スピードの向上

icカードの開発

posレジの展開

変動リスクの
ない仮想通貨

利用場所の提
供と拡大

私たちKINGSは、上記の5つのソリューションによって、世界をキャッシュレスに変えるプロジェクトです。

#1　　速度が早く、安定したブロックチェーンの開発

	₿	◆	VISA	KINGS
処理速度	7tx/1s	15tx/1s	5,000tx/1s	5,000tx〜/1s (最適状態)
アルゴリズム	POW	※POW	-	POS

私たちKINGSは、**現実社会の決済インフラとなるため、visaネットワークと遜色のないトランザクションスピードを誇るブロックチェーンとして誕生します。** また、インフラは安定したイーサリアムをベースにオフチェーン技術を組み合わせることで状況に応じた取引スピードを維持し、混線を避けることを実現します。

#2　　非接触式ICカードの発行と、ハードウォレット開発

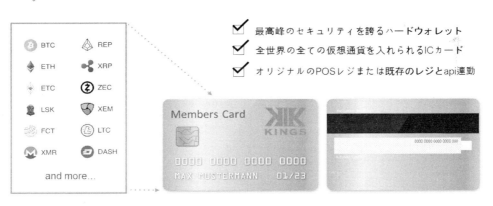

✓ 最高峰のセキュリティを誇るハードウォレット
✓ 全世界の全ての仮想通貨を入れられるICカード
✓ オリジナルのPOSレジまたは既存のレジとapi連動

KINGSでは**世界に先駆けて、ICカードに仮想通貨をチャージするシステムを設計します。** これによって最高峰のセキュリティを保つとともに、船などのオフライン環境下でもキャッシュレスで過ごせる世界を実現します。

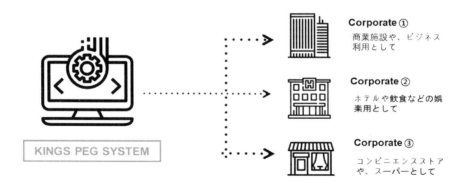

For company merit

企業のメリットについて

・ユーザーが現金を持っていなかったなどの**販売機会損失がなくなる。**

・ユーザーの行動履歴を蓄積し、**新しい商品開発に情報を充てられる**ようになる。

・デジタルマネー制作時のインフラ構築や、サーバ監視等の開発費で数百億
かかっていたコストが**実質無償になる。**

For user merit

ユーザーのメリットについて

・仮想通貨を持っておけば、**現金を持っていなくても機会損失がなくなり**ス
トレスフリーで買い物ができる。

・これまでのデジタルマネーだと交換したら使い切らなければならなったが
、**必要がなくなれば現金化する**ことができる。

・PEGSYSTEMを利用する企業によっては、**仮想通貨を持つことで企業優待が**
受けられる。

For example

仮にセブンイレブンが導入していただいた場合

KINGS PEG SYSTEM

オープンソースを利用して、仮想通貨の構築

SEVEN ELEVEN

Peg system

1コイン = 1USD　1コインは1USDとしてレートを固定してリリース

For example

仮にセブンイレブンが導入していただいた場合

KINGS PEG SYSTEM

SEVEN ELEVEN

Peg system

1コイン = 1USD　1コインは1USDとしてレートを固定してリリース

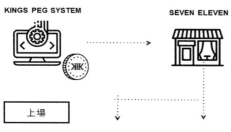

上場

全世界の様々な取引所に上場申請

ユーザーはいつでも取引所を通じて1コイン1USDで取引が可能

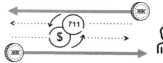

この時KINGSの仮想通貨が、取引手数料として発生し、仮想通貨の市場価値が押し上がります。

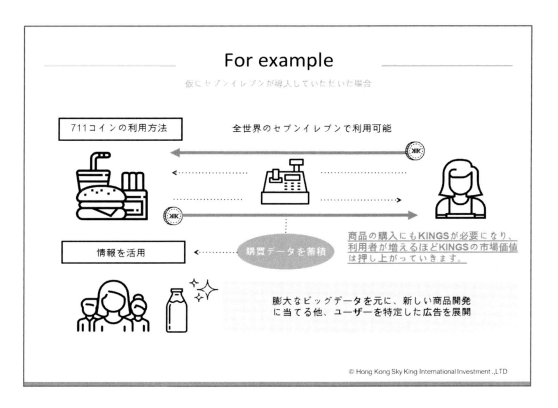

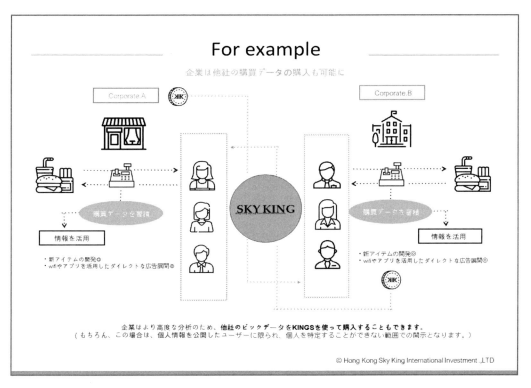

For example

ユーザーは企業優待が受けられる

個人情報を開示した場合

個人情報を分析
- 年齢 ・趣向
- 趣味 ・利用時間
- 購買頻度 ・行動履歴

データ利用量支払い

SKY KING

データの利用頻度に応じて**KINGS**のボーナスを配布

個人情報を開示しない場合　個人情報は企業に開示されることなく、データとして蓄積されていきます。

ユーザーは、**個人**が**特定**されない**範囲**で、**企業の商品開発や広告運用のためにデータを開示**するか非**開示にするか選ぶことができます。**データを開示する場合は、その利用頻度に応じた KINGS が無償でもらうことができるようになります。

#5　　キャッシュレスに楽しむための場所を提供-クルーザー-

KINGS-PEGを利用して、商業施設への**営業活動**を行っていく他、利用イメージがしやすいように自社でエンターテイメントシップホテルを運航。**圧倒的なラグジュアリーな世界**を、全てキャッシュレスで運航を行っていきます。

#5　キャッシュレスに楽しむための場所を提供-ホテル-

KINGS-PEGを利用して、日本の沖縄にある景観が美しいラグジュアリーなホテルを建設しております。有名な建築家による、**世界的**にも認められた**ラグジュアリーリゾート**して誕生する当ホテルでも、**KINGS**による宿泊・物件購入が可能です。

MEMBER
アドバイザー・メンバー一覧

William Tien（ウィリアム・ティエン）
- Product Advisor

シンガポール生まれ。数十年のオーストラリアでのビジネス経験があり、1999年にテクノロジー分野でのオーストラリア証券取引所での上場会社のChairmen＆CEOを務めた。仮想通貨と法定通貨の交換事業者およびウォレット開発を担う「TiENPAY」のCEO。モバイルウォレット開発業界では、15年以上のキャリアを持ち、様々なデジタルデバイスの商業化を成功させており、近年では多数のICO案件に関わり、技術面・法務面での支援を行う。KINGSにおいてはデバイス開発の技術支援や、各国における法務財務アドバイスを提供している。

Ma Hua（マー・ホアー）

- Executive Marketing Advisor

2010年-2011年にテンセント顧問を務める。エイペックスチャイナの副総裁をはじめ、香港上場企業でアジア最大プロダクションMedia Asia Chinaの副総裁を経て、現在は中国の大手映画配給会社であるHLCGの副総裁を務め、複数の上場企業の副総裁を歴任するキャリアをもつ。イベント/コンサート/デジタルマーケティング領域の造詣が深く仮想通貨との連携をプロデュース。KINGSではマーケティングアドバイザーとしてその経験豊富な知識を提供している。

Victor Chow （ビクター・チョウ）

- Strategic advisor

TiENPAYの共同設立者でもあるVictor Chowは、中国最大の携帯電話メーカーHUAWEIの最高業務責任者（Chief Operations Officer）を務めた経歴を持ちます。28年以上もの間、アジア太平洋やヨーロッパ、北アメリカでの戦略企画、事業開発、セールス、マーケティング、グローバルオペレーションマネジメントを含む、経営の全ての局面において、管理職に従事してきました。特にFinTechには造詣が深くKINGSの戦略的なアドバイスと技術支援を提供しています。

Dr.Joseph Wang （Drジョセフ・ワン）

- Technical Advisor

マサチューセッツ工科大学(MIT)卒。

C++、Python、Java、R、Fortran 95/77、Perlでの金融技術ライブラリの開発経験はほぼ10年。チームマネジメント経験を持つ商用ソフトウェアを開発する経験年数10年半。科学と学術のソフトウェアを開発する20年以上の実務経験を持ちます。また、天文学で哲学の博士号を、マサチューセッツ工科大学の教育ソフトウェア開発で物理学の学士号を取得しています。

KINGSにおいては、プログラミングやソフトウェア開発における技術アドバイザーとしてその経験豊富な知識を提供しています。

Trevor W. Zakov （トレバー・W・ザコヴ）

- Management Advisor

中国とベトナムでMBAを取得。ビジネスにおいてはソリューション・マーケティング・財務など全体像を見据えた設計を得意としています。特にアジアに特化したセールス＆マーケティングにおいては実務経験が6年あり仮想通貨マーケティングにおいて、ゼネラルマネージャーの経験も有する。KINGSにおいては、実務とマーケティング戦略のバランスを保つための調整役としてファシリテーション業務・及びアドバイザー業務を担当しています。

David.H.Tamaki （デイビット・H・タマキ）

- Hong Kong Sky King International Investment Ltd. CEO

2001年,RFIDソリューション開発およびオンライン決済システム開発会社の創業メンバーとして取締役営業本部長に就任。大手通信キャリアモバイルECシステム、オンラインクレジットカード決済代行システム、RFIDカード関連マーケティング等に関わる。2007年東証マザーズ上場。その後、香港・マカオに拠点をおいたファイナンス分野を経て、2018年BlockChain決済ソリューションベンダーのHongKong Sky King International Investment LtdのCEOに就任。

Eddie.E.Tamaki　（エディ・E・タマキ）

- Hong Kong Sky King International Investment Ltd.　CTO

コードを書くエンジニア。
約20年間、各国において医療、金融、流通分野の研究開発に携わる。

また、経営者、マネージャーとして上場企業社長や役員を歴任。
近年は、量子コンピュータ、ビックデータ、ブロックチェーン分野の研究開発に従事。
独自サービス開発や大手金融グループのコンサルティング等を手がける。

andmore

Company profile

会社概要

Our company

SKY KING

本法人は年間売上50億円以上の貿易会社が母体となっており、
アジア市場を中心としたグローバルマーケットでの既存流通・
決済にも精通したスタッフが在籍する会社となります。

■Token Issuer:	■Address:
HongKong Sky King International Investment Ltd.	C/O token-lab, Unit 3309, 33/F, The Center,99 Queen's Road Central,Hong Kong

トークン発行会社は、BVI法人であるJyoe King に委託し、BVIの法律に則り展開している。

■Token Issuer:	■Address:
HongKong Sky King International Investment Ltd.	C/O token-lab, Unit 3309, 33/F, The Center,99 Queen's Road Central,Hong Kong

Thank you!

ご静聴、ありがとうございました

現在既に世界的に有名な商業施設との提携を予定しています。
プレセールのこの時期にご検討どうぞよろしくお願いいたします。

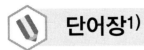

단어장1)

ICO
리버스ICO
블록체인
비트코인
이더리움

---

1) 실제 통역 준비를 하면서 본인이 직접 정리해 보기 바란다. 단어 정리 등 통역 준비를 하고 실제 통역을 해보면 어떤 식으로 통역 준비를 해야 하는지 감을 잡을 수 있다.

통역 크리틱[1]

체크 사항	상	중	하
전반적으로 부드럽게 통역을 해 나갔는가.			
통역 속도는 일정하였는가.			
통역 시 목소리 톤은 일정하였는가.			
문장을 끝까지 완성하였는가.			
숫자나 연도는 틀리지 않았는가.			
단어나 표현이 빠지지는 않았는가.			
오역은 없었는가.			
불필요한 소리 (어~, 음~) 등이 있었는가.			
부정확한 발음은 없었는가.			
침묵 시간이 길지는 않았는가.			
더듬거나 문장을 다시 바꾸지는 않았는가.			

* 빈칸에 본인이 느낀 체크 사항을 기입하고 크리틱을 한다.

통역 난이도[2] :

연설 속도	발음	내용
중(약간 빠름)	중상(좋음)	중상(보통)

연설 속도	발음	내용

---

1) 이 부분은 학습자가 실제로 통역을 하고 이를 녹음해서 체크해 보기 바란다.
2) 어디까지나 개인적인 의견이며 참고만 하길 바란다. 학습자의 생각도 적어보자.

마지막에 스태프 소개할 때, 이름과 직책, 학력 등이 나오는데 이런 부분이 틀리지 않도록 조심해야 한다. 특히 회의 초반에 게스트나 VIP 소개를 하는 경우가 많다. 이름과 직책이 틀리지 않도록 주의해야 한다. 이 부분이 틀릴 경우 부하직원으로 부터 컴플레인이 들어오는 경우도 있으니 주의해야 한다.

MEMO

제4장

保険金の詐欺的請求をめぐる問題点

 통역 브리핑

주　　제	保険金の詐欺的請求をめぐる問題点
연 설 자	후쿠다 야스오(福田　弥夫) 日本大学法学部教授
연설시간	약 34분
통역상황	1일간 학회 동시통역
준 비 물	사전 발표 자료, 정리한 단어장, 포트스 잇, 노트테이킹 노트, 필기구, 노트북, 개인 헤드셋, 테이프, 음료수 등

통역 준비 ─────────────────────

☑ 현장에 가면 꼭 연설자와 만날 것.

☑ 발표 자료는 통역 2주일 전에 받아서 공부할 시간은 충분하였음.

☑ 발표자가 총 9명이어서, 1명씩 맡아서 공부하기로 함.

☑ 학회발표는 대개 25-30분 발표이기 때문에 경험이 많은 통역사들은 1명이 맡아서 하는 경우도 많다. 하지만 내용이 전문적이고 어려운 경우에는 15분씩 나눠서 하는 경우도 있다. 15분씩에만 맞춰서 연습하지 말고 최대한 집중력을 유지하면서 통역시간을 길게 가져가는 연습도 필요하다.

☑ 참고로 본인은 8시간 혼자 화장실도 못 가고 동시통역을 한 적이 있다. 어쩔 수 없는 상황에 주최측의 부탁으로 했었지만 정말 피곤한 통역이었다. 물론 청구서로 복수?를 했다. 본인의 1일 최고 통역비로 기록에 남아 있다.^^ 통역의 질을 떠나 장시간 통역이 가능했던 것은 꾸준한 운동과 체력 관리 때문이라 생각한다. 통대 재학시절에 공부할 시간이 없는 것은 알겠지만 그래도 기초체력을 키우는 건 정말 중요하다.

保険金の詐欺的請求をめぐ
る問題点

日本大学法学部教授　福田　弥夫

1．はじめに
1-1　保険金の詐欺的請求とは

①保険金を詐取する目的で保険事故を偽装する

　保険事故の意図的発生

②発生した損害を虚偽に拡大して不当な利益を得る

　保険金の水増し請求

これらは、保険料算出の前提とはされておらず、意図的に発生させた損害の支払いを保険会社に強いるものとなる

この他には、実際に保険事故が発生していないにもかかわらず、仮想事故に基づいて保険金請求をする場合もある

1-2 詐欺的請求の法的問題点

①刑事法上の問題　→　詐欺罪との関係

　　刑事上の責任としての罪　詐欺罪の成立

②民事法上の問題　→　保険金支払いに関係
　　　　　　　　　　　　する訴訟との関係

　　保険金支払を命じる判決が出されるか

③保険法上の問題　→　重大事由解除との関係

　　保険会社からの重大自由解除が認められる
か

2. 日本における保険詐欺の状況
2-1　保険詐欺事件

2012年に全国の警察が摘発した交通事故に絡む保険詐欺事件（2013年年度警察白書・統計4-23）

件数　177件　被害額　5億2613万円

これはあくまでも摘発された件数と金額

摘発されなかったもの、支払調査の段階で防いだものは統計に出ていない

この数値はどうなのだろうか？日本は少ないのか？

暗数はかなり多いと考えるべきか？

저 자 약 력

❚ 우 기 홍

전남대학교 일어일문학과 졸업
서울외대 통번역대학원 한일과 졸업(총장상 수상)
한국외대 국제지역대학원 박사과정수료
한국외대 강사
『일본어통번역사전』 일명 노란책의 저자

www.instagram.com/woo_kihong/

실전! 일본어 동시통역

초 판 인 쇄 2018년 10월 04일
초 판 발 행 2018년 10월 11일

저　　　자 우 기 홍
발 행 인 윤 석 현
발 행 처 제이앤씨
책 임 편 집 최 인 노
등 록 번 호 제7-220호

우 편 주 소 서울시 도봉구 우이천로 353 성주빌딩 3층
대 표 전 화 02) 992 / 3253
전　　　송 02) 991 / 1285
홈 페 이 지 http://www.jncbms.co.kr
전 자 우 편 jncbook@hanmail.net

ⓒ 우기홍 2018 Printed in KOREA.

ISBN 979-11-5917-126-0 13730　　　　　　　　　정가 13,000원

2-2 減少傾向にあるか

2006年と比較すると

件数　326件　→　177件

被害額　10億4千万円　→　5億2613万円

減少傾向にあるが、手口が巧妙化している可能性もある

あくまでも摘発されたケースのみ

新聞報道された最近の事件（2）

銭湯の経営者らが、銭湯を全焼させたケース。銭湯には5億円の火災保険契約がつけられていたが、保険金の請求はされていなかった

（福岡県）2013年11月

保険の適用外であるサーキット場での事故を公道における事故であるように装い、車両保険金をだまし取ったケース

（岐阜県）2013年11月

2-3 裁判例の動向

保険金請求訴訟は増加しているか

訴訟自体の数は減少傾向

2008年　民事行政事件　約225万件

2012年　民事行政事件　約170万件

具体的な事件内容に基づく統計はできていない。しかし、判例集に掲載される保険金請求関係の訴訟は増加傾向にあるとの感触

2-3-1 最近の保険金不正請求関係の裁判例（1）

火災保険金請求が退けられた事件（放火と認定）

東京高裁平成26年3月26日判決

（自保ジャーナル1921号172頁）

旅館兼店舗がほぼ全焼・売り上げ減少、債務超過額の増加、経営者の体調不良等　強い動機がある

Xのアリバイも成立しない

車両保険金請求が退けられた事件（故意の認定）

福岡高裁平成26年1月23日判決

（自保ジャーナル1921号143頁）

下取価格185万円の車に保険金額570万円　資金繰りに苦しんでいた

ローン残高を差し引いても300万円近い経済的利益

Xの意に基づくと判断

最近の保険金不正請求関係 の裁判例（2）

火災保険金請求が退けられた事件（放火と推認）

横浜地裁平成25年10月11日判決

（自保ジャーナル1916号171頁）

X所有の工場兼居宅が火災。油性反応は検出されず。しかし、営業利益は赤字、消費税滞納等から保険金取得の動機有　発生時刻頃に現場にいたのはXのみ。放火と推認。

保険会社による保険金の返還請求が認められた事件（故意の事故と認定）

津地裁四日市支部平成25年11月22日判決

（自保ジャーナル1914号163頁）

同じアパートに居住する隣人かつ友人の被保険車両を運転するYが約一分の距離でXへ追突事故。保険会社は保険金を支払うが、被害者の受信している病院の医師も疑問。保険金詐取目的ではないかとの疑い。保険金返還請求を認める

2-3-2 事件の具体的な内容

車両保険金目的の故意の事故招致

　手口は、盗難、水没、車両への傷など

火災保険金目的の故意の事故招致

　放火の例が多い。不正請求が絡む場合もある

損害賠償金目的の故意の事故招致

　意図的な事故の作出

いずれも保険会社による**免責主張**が認められている。保険金返還請求が認められる場合もあるが、支払い前に防ぐことが大事

2-4 新聞報道された最近の事件（1）

接骨院の院長らが、共謀のうえ交通事故を装い保険金をだまし取ったケース

（静岡県）2013年6月

整骨院で治療を受けたように装い、保険金をだまし取ったとして、鍼灸院経営者らが詐欺容疑で逮捕されたケース

(東京)2013年10月

医療類似行為者は大きな問題。アメリカのカイロプラクティックと同様

2-5保険詐欺に関する報道が目立つ

①経済状況を反映してか、保険詐欺に関する事件が報道される例が増えている

②審議会などでも取り上げられる場合が増えている

自賠責保険審議会における柔道整復師への言及

3-1 詐欺的請求の特徴

自動車事故

①仮装事故
　車両盗難を仮装する
　高級外車などを利用　　不自然な形での盗難
　高額な車両保険金を設定する場合が多い

詐欺的請求の特徴

②故意に事故を作出
　車両の損傷、盗難、追突を実際に起こす
　高級外車などの利用
　不自然な状況
　複数の共謀者が関与して事故を作出する
　（2台で1台を挟むなど）

詐欺的請求の特徴

③実際に発生した事故を悪用

保険金の水増し請求（詐欺的請求）
過剰診療、濃厚診療
過剰診療　→　医学的な必要性または合理性のない診療
濃厚診療　→　必要以上の治療を行う

詐欺的請求の特徴
3-2 詐欺請求に関与する人々

一般人もこのような犯罪に関与
保険詐欺に対する罪悪感のなさ
複数回にわたって保険金請求を行う者の存在
入院給付金などで目立つ不必要入院等
（医師などの関与）
これまで支払った保険料を返してもらう程度の感覚か

4 日本における対応
4-1 日本損害保険協会の対応

2014年1月に「保険金不正請求対策室」を立ち上げる

保険金不正請求の通報窓口「保険金不正請求ホットライン」を設置

4-2 保険金不当請求対策室が集積するデータ

①事故に関する事項
②保険に関する事項
③行為者（個人に限らず、法人、団体等を含む）に関する事項
④不正請求の内容
⑤保険金不正請求行為の事実またはそのおそれが認められる事実を基礎づける情報
⑥同各事実の内容を精査するために参考となる情報

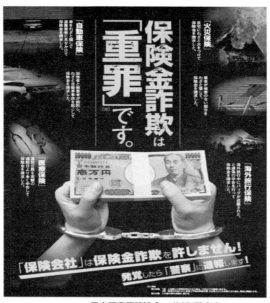

4-2 保険金不当請求対策室の活動

昨年度中に、約250件の保険詐欺関連の通報があった

保険金の支払い拒絶に結び付いた情報もあった

これからは集められた情報をいかに活用するかが課題

5-1 刑事法上の問題点

アメリカ各州の保険詐欺部局のような特別な捜査ユニットなし

日本では難しい

保険詐欺に関する特別な規定なし

例えば、カリフォルニア州刑法550条のような規定

刑法の詐欺罪で対応するべきか、保険詐欺に関する罪を設けるか

5-2 保険詐欺の規定挿入の提言

自動車損害賠償保障法に保険詐欺の規定を入れるべきとの提言

なぜ自賠法に入れるのか

①自賠法の特殊な性格 社会保障的な性格

②詐欺的な請求に対する心理的障害、規範的障害の低さ 傷害で120万円まで自動的に支払われるとの認識。保険会社も求償で来るので争うことをしない。

5-3 自賠法への保険詐欺規定の導入（民間の案）

自賠責保険の公的性格と独自の処罰規定の必要性

保険金支払いを不正に受ける行為の処罰

「偽りその他不正手段により、保険金の支払いを受け、又は他人に受けさせた者は、5年以下の懲役若しくは250万円以下の罰金に処し、又はこれを併科する。偽りその他不正手段により、第16条の規定する損害賠償額の支払いを受けた者も同様とする」

損害保険協会の支援のもとに検討会を開催

実現に至っていない

6　民事法上の問題点

保険金請求訴訟との関係で注目すべき事案
大阪地裁平成23年3月22日判決
（自動車保険ジャーナル1873号159頁）

ベンツを所有していたXは、午前4時ごろに大阪市内の飲食店で知人と食事中、路上に駐車していたベンツが盗難されたと警察に申し出る。Y保険会社に保険金請求を行う。
保険金請求はXの敗訴（上告棄却）

Y保険会社はXの不法行為に基づく調査、鑑定料等をXに対して求め訴えを提起
裁判所はベンツの盗難を偽装事故と認定し、Y保険会社の調査費等の請求を認容

判決の要旨

「Xの関与なしに本件現場に赴いて本件車両を持ち去ることは不可能であるということができるから、本件盗難はXによって偽装されたものである」

「イモビライザー仕様、合わせガラス仕様等「保険金請求当初から不正請求を疑ったとしても不自然ではない」等から、調査費、鑑定料等は「Xの不正行為と相当因果の関係にある損害と認める」

6-2 不正請求に対する対応

保険金請求訴訟で勝訴の後に、保険金請求者に対して調査費用との支払いを求める訴えを提起することは有効か

どこまでの費用を請求できるか

通常の調査を超える範囲

不正請求に効果があるか

ある程度の効果はあると思われる

7-1 保険法上の問題点

保険法施行に伴う保険約款の見直し

①不実申告免責条項の廃止

保険会社は不実申告により被った損害の額を差し引いて保険金を支払う

②保険事故発生時の通知義務違反の場合の免責条項の廃止

保険会社は義務違反により被った損害を差し引いて保険金を支払う

7-2-1　不実申告免責条項が廃止された理由①

①重大事由解除に関する保険法30条1項2号

　　被保険者が、当該損害保険契約に基づく保険給付の請求について詐欺を行い、又は行おうとしたこと。

②解除の効力に関する保険法31条1項

　　損害保険契約の解除は、将来に向かってのみその効力を生ずる。

7-2-2　不実申告免責条項が廃止された理由②

③解除の効力に関する保険法31条2項3号

保険者は、次の各号に掲げる規定により損害保険契約の解除をした場合には、当該各号に定める損害をてん補する責任を負わない

（3）前条　同条各号に掲げる事由が生じたときから解除がされた時までに発生した保険事故による損害

④片面的強行規定に関する保険法33条1項

　保険法第30条又は第31条の規定に反する特約で保険契約者又は被保険者に不利なものは、無効とする。

7-2-3　不実申告免責条項が廃止された理由③

①不実申告は保険事故発生後に行われる

②不実申告は重大事由解除事由である

③重大事由解除の効力は将来効しか有さない

④不実申告が行われた時点以後の損害は、てん補されない（それ以前の損害はてん補）

⑤これらの規定は片面的強行規定であり、約款によって保険契約者または被保険者に不利にはできない

7-3　不実申告についての新たな課題

①不実申告免責条項を約款に設けることができるか
　肯定説と否定説の争い

②約款で規定しない場合であっても、免責とすることが可能か

　虚偽申告の場合に、信義則を根拠として免責とすることが可能との見解

8 むすび

①保険詐欺への対応は、第二段階へ移行（業界内の情報共有）。

②保険詐欺の罪を設ける必要性はあるが現実は難しい

③不実申告免責条項に関する議論を深化させる必要性がある

④私見としては、不実申告免責条項を認めるべき
そうでないと、「だめでもともと」の不実申告を助長する

⑤イギリスのような、グレーの保険金請求事例の登録制度は効果的かもしれない

保険金

不正請求

水増し請求

[1)] 실제 통역 준비를 하면서 본인이 직접 정리해 보기 바란다. 단어 정리 등 통역 준비를 하고 실제 통역을
해보면 어떤 식으로 통역 준비를 해야 하는지 감을 잡을 수 있다.

통역 크리틱[1]

체크 사항	상	중	하
전반적으로 부드럽게 통역을 해 나갔는가.			
통역 속도는 일정하였는가.			
통역 시 목소리 톤은 일정하였는가.			
문장을 끝까지 완성하였는가.			
숫자나 연도는 틀리지 않았는가.			
단어나 표현이 빠지지는 않았는가.			
오역은 없었는가.			
불필요한 소리 (어~, 음~) 등이 있었는가.			
부정확한 발음은 없었는가.			
침묵 시간이 길지는 않았는가.			
더듬거나 문장을 다시 바꾸지는 않았는가.			

* 빈칸에 본인이 느낀 체크 사항을 기입하고 크리틱을 한다.

통역 난이도[2] :

연설 속도	발음	내용
중상(약간빠름)	중(좋음)	중상(보통)

연설 속도	발음	내용

---

1) 이 부분은 학습자가 실제로 통역을 하고 이를 녹음해서 체크해 보기 바란다.
2) 어디까지나 개인적인 의견이며 참고만 하길 바란다. 학습자의 생각도 적어보자.

여러가지 용어의 정의가 많이 나오며 그 예를 많이 들고 있다. 이런 부분이 잘 통역이 되었는지 체크해 보기 바란다. 연설 속도는 약간 빠르지만 중간중간 포즈가 많기 때문에 그다지 빠르다는 느낌은 들지 않는다. 대신 전문 용어가 많이 나오기 때문에 익숙해질 필요가 있다.

제5장

政治と労働組合運動
－ 8・30第45回衆議院議員選挙と政権交代 －

통역 브리핑

주　　　제	政治と労働組合運動 － 8・30第45回衆議院議員選挙と政権交代 －
연 설 자	다카기 쓰요시(髙木 剛) JILAF 이사장
연설시간	약 1시간 7분
통역상황	오후 5시, 일본의 정권교체 후 첫 강연
준 비 물	사전 발표 자료, 정리한 단어장, 포트스 잇, 노트테이킹 노트, 필기구, 노트북, 개인 헤드셋, 테이프, 음료수 등

통역 준비

☑ 현장에 가면 꼭 연설자와 만날 것.

☑ 발표 자료는 통역 2주일 전에 받아서 공부할 시간은 충분하였음.
　 연설문 요약본만 확보하였으며, 추가하면서 발표한다는 말을 현장에서 들음.

☑ 통역 시간은 1시간이어서 파트너와 15분씩 교대로 하기로 하였다. 하지만 공부는 전체를 다했다.

☑ 본인은 이전에 강연자의 통역을 한 적이 있어 발음이나 억양에 익숙해져 있는 상태였다. 고령이지만 정확한 발음과 천천히 연설하는 특징이 있다. 유튜브에서 확인해 볼 것.

政治と労働組合運動
－ 8・30第45回衆議院議員選挙と政権交代 －

髙木　剛

［JILAF理事長
前連合会長］

1. 労働組合の存在意義
   (1) 組合員(広義には労働者)の生活と権利の改善
   (2) 社会の健全かつ民主的な発展
   (3) 世界の平和と貧困の撲滅

2. 労働組合の存在意義を高めるための手段
   (1) 労使関係のなかでの問題解決
   (2) 政治・行政の場での問題解決
   (3) 労働者の連帯による自主福祉活動等

3. 労働組合の政治活動の二つの側面
   (1) 政策・制度要求・実現活動
      ① 政策・制度の要求策定活動－職場や地域の声を踏まえた政策・制度の要求づくり、産業政策は産業別組織の責任
      ② 政党や政府・官庁との政策協議とロビー活動
      ③ 法案の審議状況等に応じた国会対策活動
      ④ 地方議会に対する政策要求実現活動(議会決議採択、各種請願活動等)

(2) 選挙等の政治活動

① 政党や候補者との関係－理念や政策の共有、マニフェストや政策協定、組織内議員、友好議員etc 一連合は民主党を基軸に社会民主党、国民新党と支持・支援の関係、8・30選挙では、民主党・社会民主党・国民新党と政策協定を締結

② 選挙支援の活動＝連合としては比例代表制は民主党、選挙区選挙は民主党・社会民主党・国民新党・無所属の候補者を推薦し支援、また連合の構成組織(産別組織)もそれぞれの機関で推薦手続きをとるところが多い。地方議会議員選挙や都道府県知事や市長選挙についてもそれぞれ推薦手続きの上、支援する。

③ 党員、党友と労働組合・組合員の関係

④ 選挙における特定政党、特定候補者推薦と政治信条の自由－団結権の侵害と除名問題

⑤ 政治活動とその費用－政治資金規正法や公職選挙法等の規制と労働組合活動としての政治活動

⑥ 「選挙のための活動は嫌だが、政治の果実はほしい」は筋の通らぬ論理

4. 8・30第45回衆議院議員選挙と政権交代

(1) 2007年7月29日の第21回参議院議員選挙 ― 「逆転の夏」

① 政権交代への序曲 ― 与野党の議席数逆転
民主党第一党に!! 但し民主党単独では過半数に届かず。

＜2007/7/29の第21回参議院議員選挙の結果＞ 別紙Ⅰ参照

② 衆議院は自由民主党・公明党の連立与党が3分の2以上の議席数を持つ－衆院可決→参議院否決→衆議院で3分の2以上で再議決(憲法の規定)、「ねじれ国会」で与党の3分の2以上による強行再議決の頻発

③ 小泉退陣後、安部、福田、麻生と三代にわたる短期間での首相交代、三代とも国民の信を問わず、早期の衆議院議員解散を望む世論の高まり

④ 経済停滞、格差社会、家計や地域社会の疲弊、社会保障のセーフティーネット機能の劣化等に対する国民の批判の高まり

(2) 8・30第45回衆議院議員選挙 ─ 悲願の政権交代
① 任期満了近くになっての自民党抗争下での衆議院解散─事前のマスコミの世論調査は与党の苦戦を予測

② 戦後初めての本格的な政権交代を争う衆議院議員選挙─衆議院での議席第一党が政権を担当(連立のケースもあり)─民主党が308議席獲得、自民党・公明党は大敗

＜8・30第45回衆議院議員選挙の結果＞ 別紙Ⅱを参照

③ マニフェスト(政権公約)選挙─民主党の「国民生活が第一」というスローガンに対する強い共感、「一度政権を変えよう」という多数の国民の意思(第2次大戦後一時期を除いて自民党を中心とする政権が続いてきた)

④ 連合の対応─産業別組織、47都道府県連合会、地域協議会のタテ・ヨコの運動体系による選挙の事前準備活動と告示後の運動、選挙対策本部の設置
    (a) 民主党、社会民主党、国民新党との政策協定の締結
    (b) 選挙区(300選挙区)は民主党を中心に、社会民主党、国民新党、無所属の候補者合計292名を推薦、比例代表(ブロック別比例代表区)は民主党支持
    (c) 組合員の運動への参加(国民への支持の呼びかけ、リーフレットの配布、電話作戦、ポスター貼り、「投票へ行こうよ運動」etc)
    (d) 政党、候補者の後援会、共闘団体等との連携
    (e) 2006年から、「ストップ・ザ・格差社会キャンペーン」を展開─広く国民に小泉政権及びその後継政権の新自由主義経済型の政策

と、その影響を受けた格差社会化の阻止を訴えたキャンペーン、2007年、2009年の選挙に大きな影響を与えたと自負

⑤ 政権交代の実現　─　鳩山政権の誕生

　(a) 政権交代可能な政治体制の確立は連合の結成以来の悲願－今年は連合結成20周年の年

　(b) 2009/9/16鳩山政権樹立－鳩山内閣閣僚17名中7名が連合組織内議員

　(c) 鳩山政権は民主党、社会民主党、国民新党の三党連立政権－三党連立政権は参議院で民主党が単独過半数を占めておらず不可避(過半数122議席に7議席不足)

　(d) 鳩山政権の基本スタンス－官僚主導政治の打破、ムダの徹底的な排除、コンクリートから人へ、日米対等外交とアジア重視(東アジア共同体構想)、マニフェストの政策の実現(子ども手当、高校授業料無償化、高速道路無料化、農家の個別所得補償等) etc

　(e) 2010年7月の第22回参議院議員選挙が次の決戦－民主党の参議院における単独過半数の可否が焦点、民主党は小沢一郎幹事長のリーダーシップのもとで候補者の擁立等事前の準備活動に注力

以上

＜別紙 Ⅰ＞ 2009/8/30 第45回衆議院議員選挙の結果

◇ 党派別立候補者数

党名	選挙区	比例区		合　計	公示前議席数	解散時議席数
		(単独)	(重複)			
自民	289	306	269	326	300	302
民主	271	327	268	330	115	112
公明	8	43	0	51	31	31
共産	152	79	60	171	9	9
社民	31	37	31	37	7	7
国民新	9	18	9	18	4	7
新日	2	8	2	8	0	0
無所属	6	-	-	6	6	10
合　計	768	818	639	947	472	478

◇ 党派別獲得議席数・得票数

党名	小選挙区	比例区	合計(増減)	小選挙区		比例区	
				得票数	率	得票数	率
自民	64	55	119(-181)	27301982	38.60%	18810217	26.70%
民主	221	87	308(+193)	33475334	47.40%	29844799	42.40%
公明	0	21	21(-10)	782984	1.10%	8054007	11.40%
共産	0	9	9(0)	2978354	4.20%	4943886	7.00%
社民	3	4	7(0)	1376379	1.90%	3006160	4.20%
国民新	3	0	3(-1)	730570	1.00%	1219767	1.70%
新日	1	0	1(1)	220223	0.30%	528171	0.70%
無所属	6	0	6(0)	1986055	2.08%	-	-
合　計	298	176		68851881	97%	66407007	

※ 衆院選挙の比例代表は全国を11ブロックにわけたブロック別拘束名簿方式

◇ 連合の推薦候補と当選者数
　(選挙区)
　　　　選挙区の推薦候補者数
　　　推薦候補者数　292人中　269人当選　(内組織議員候補者数　41人)

단어장1)

RENGO	렌고
JIRAF	
政権交代	정권교체

---

1) 실제 통역 준비를 하면서 본인이 직접 정리해 보기 바란다. 단어 정리 등 통역 준비를 하고 실제 통역을 해보면 어떤 식으로 통역 준비를 해야 하는지 감을 잡을 수 있다.

통역 크리틱1)

체크 사항	상	중	하
전반적으로 부드럽게 통역을 해 나갔는가.			
통역 속도는 일정하였는가.			
통역 시 목소리 톤은 일정하였는가.			
문장을 끝까지 완성하였는가.			
숫자나 연도는 틀리지 않았는가.			
단어나 표현이 빠지지는 않았는가.			
오역은 없었는가.			
불필요한 소리 (어~, 음~) 등이 있었는가.			
부정확한 발음은 없었는가.			
침묵 시간이 길지는 않았는가.			
더듬거나 문장을 다시 바꾸지는 않았는가.			

* 빈칸에 본인이 느낀 체크 사항을 기입하고 크리틱을 한다.

통역 난이도2) :

연설 속도	발음	내용
중(약간 느림)	중(좋음)	중상(보통)

연설 속도	발음	내용

---

1) 이 부분은 학습자가 실제로 통역을 하고 이를 녹음해서 체크해 보기 바란다.
2) 어디까지나 개인적인 의견이며 참고만 하길 바란다. 학습자의 생각도 적어보자.

MEMO

제6장

메가스포츠 이벤트와 노동착취
─2020 도쿄올림픽─

 통역 브리핑

주　　제	메가스포츠 이벤트와 노동착취 ─ 2020 도쿄올림픽 ─
연 설 자	유지 미즈타 신린로렌 부위원장
연설시간	약 7분
통역상황	한영일 릴레이 통역
준 비 물	사전 발표 자료, 정리한 단어장, 포트스 잇, 노트테이킹 노트, 필기구, 노트북, 개인 헤드셋, 음료수, 테이프 등

통역 준비

☑ 발표 자료는 2주일 전부터 차례로 받았으며 공부할 시간은 충분히 있었음.

☑ 영어로 발표 자료를 받았을 경우, 현장에 갔을 때 반드시 연설자와 만날 것.

☑ 일본어로 된 연설문이 있는지 물어 볼 것.

☑ 영어로 발표할지 일본어로 발표할지 확인할 것.

☑ 통역은 대개 파트너와 15분씩 교대로 하지만, 상황에 따라서는 내용별로 나누거나 단락별로 나눠서 해도 된다. 파트너와 미리 상의해서 나눠 놓으면 된다. 이번 통역은 전부 본인이 맡아서 하기로 했었다.

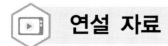

Decent Work and Mega Sports Events
— Tokyo Olympic 2020 —

Introduction

Tokyo will host the 2020 Olympic (25 July- 9 August) and Paralympic (25 August - 6 September) Games, its second Olympics after hosting the 1964 Summer Games, which spurred some of Tokyo's iconic developments, like the Metropolitan Expressway and the Tokaido-Shinkansen bullet train. The 2020 Games will require the construction or refurbishment of over 35 Olympic sporting facilities, as well as a raft of infrastructure, accommodation and other related projects. Cost projections have already risen to over 1.8 trillion yen (over USD$15 billion), at a time when the Japanese economy is struggling to maintain growth at all.

As a highly developed economy, Tokyo's model for a successful Olympics is London 2012, which set a high bar regarding issues of union engagement, health and safety and the use of certified timber. Tokyo will also face a set of other challenges, including a significant demand for labour and, consequently, likely a large influx of migrant workers to plug that gap. This document explores the demands that have so far been made to the Tokyo Olympic Games Organising Committee (TOGOC) by the BWI-Japanese Affiliates Council, RENGO-JTUC and a number of other actors.

Policy Agenda
Promotion of certified timber products

The TOGOC have made ambitious statements with respect to sustainability and the use of timber as a construction material, and we have been lobbying TOGOC to encourage the exclusive use of certified timber and timber- related products. This provides an assurance that social (including labour and community) and environmental criteria have been assessed against certain criteria, and, where issues arise, a mechanism for resolving disputes. The requirement to use only certified timber in the London 2012 Games had a positive effect in boosting the volume of certified timber in the UK market.

Japan is believed to be a prime market for the export of illegal timber (particularly from Sarawak, Malaysia), and has only a small amount of certified forest (approx 16% of the country's total plantation forest area). On 17 May 2016 the TOGOC released a draft Sourcing Code for Sustainable Wood Procurement, only in Japanese and with only a week for the public to submit comments. A number of NGOs critised the code as inadequate for preventing illegal timber from being used as a construction material.

Zero accidents on Olympic construction sites

While developing world Olympic events tend to have a poor record with regard to accidents and fatalities (13 workers died in the run-up to Athens 2004, at least 6 in Beijing 2008 and as many as 60 in Sochi 2014), London 2012 reached the zero fatality-target. Given Japan is a highly developed country with a strong health and safety record it should strive fir the highest possible level of worker protection - zero accidents.

Critical to achieving this is ensuring worker participation in health and safety systems. This was part of the zero accidents demand, and, following a request from JTUC-RENGO to the Minister of Health, Labour and Welfare, unions have been granted a position as a member of the "Council for Occupational Safety and Health for the Institutions".

Enforcement of ILO Conventions

Japan has ratified six of the eight ILO core conventions (missing the convention on the abolition of forced labour and the convention on discrimination). We believe the rights contained in the 8 core ILO conventions (freedom of association and the effective recognition of the right to collective bargaining, the elimination of forced or compulsory labour, the abolition of child labour and the elimination of discrimination in respect to employment and occupation) should be guaranteed for all workers, regardless of the employment status.

Young workers, traineeships and interns' rights

Tokyo 2020 is expected to put huge strain on the construction sector; employment in the industry has contracted since its 1997 peak of 4.6 million workers, and a further fifth of workers in the sector are over 60. Between 2009-2014 the construction industry relied on the influx of around 50,000 workers a year, but economists claim this will need to rise to around 200,000 a year to satisfy Olympic demand. Foreign workers come to Japan through the 'technical internship' programme, which is supposed to provide skills for foreign workers but in the past has been used as a source of cheap Chinese labour, leaving workers vulnerable and without full rights.

An increase in the real wages of construction workers

Wages in the construction sector, especially for traineeships, remain far too low for workers to live with dignity. Tokyo 2020 provides an opportunity to set a wage floor across all Olympic construction projects that will result in a sector-wide increase in real wages.

Involvement, Cooperation and Communications
Creation of a Grievance Mechanism

An independent and impartial grievance mechanism can provide workers and their employers with significant confidence in effective and efficient remedies for harmonious industrial relations in the Tokyo Olympics project and work sites.

Joint Inspections

The best way to ensure workers' rights to a healthy and safe work site is to ensure joint inspections - involving workers and their unions - are at the core of safety monitoring. This ensures safety systems are workable, and can take pressure off Government labour inspectors, reducing costs across-the-board.

Joint liability

Establishing joint liability means that all steps in a chain of command - including the project owner, the general contractor, and each layer of sub-contractor - share the responsibility for establishing and upholding health and safety systems and regulations. This means that all actors have certain duties they must carry out before discharging their duties.

Establishment of a Workers' Centre

As in the London 2012 Games, we are advocating for the establishment of a workers' centre. This will provide learning opportunities for workers, raise awareness of the advantages of education for workers, and to encourage individuals to develop their full potential. Workers benefited from courses to help improve their language and arithmetic skills, master basic IT, and to receive advice on job applications and other employment- related matters.

The Worker's Centre will help working people better understand their rights at work, and better reach their own potential.

Decent Work	좋은 일자리

---

1) 실제 통역 준비를 하면서 본인이 직접 정리해 보기 바란다. 단어 정리 등 통역 준비를 하고 실제 통역을 해보면 어떤 식으로 통역 준비를 해야 하는지 감을 잡을 수 있다.

🗨 통역 크리틱[1]

체크 사항	상	중	하
전반적으로 부드럽게 통역을 해 나갔는가.			
통역 속도는 일정하였는가.			
통역 시 목소리 톤은 일정하였는가.			
문장을 끝까지 완성하였는가.			
숫자나 연도는 틀리지 않았는가.			
단어나 표현이 빠지지는 않았는가.			
오역은 없었는가.			
불필요한 소리 (어~, 음~) 등이 있었는가.			
부정확한 발음은 없었는가.			
침묵 시간이 길지는 않았는가.			
더듬거나 문장을 다시 바꾸지는 않았는가.			

* 빈칸에 본인이 느낀 체크 사항을 기입하고 크리틱을 한다.

통역 난이도[2] :

연설 속도	발음	내용
중(약간 느림)	상(좋음)	중(약간 어려움)

연설 속도	발음	내용

---

1) 이 부분은 학습자가 실제로 통역을 하고 이를 녹음해서 체크해 보기 바란다.
2) 어디까지나 개인적인 의견이며 참고만 하길 바란다. 학습자의 생각도 적어보자.

Q&A 시간 통역이 통역사의 진정한 실력을 볼 수 있는 시간이라고 한다. 그만큼 어떤 질문이 나올지도 모르고 어떤 상황이 펼쳐질지도 모르기 때문이다.

또한 통역 시 얼버무리며 넘어가거나 제대로 통역이 안 되었을 시에, Q&A 시간에 그 부분에 대한 질문이 자주 나온다. 본인은 제대로 통역을 했다고 생각하지만 청중에게 제대로 전달이 안 되어서 질문이 나오는 경우이다. 이런 부분도 통역이 끝난 후에 꼼꼼히 체크를 해보기 바란다.

MEMO

제7장

기후변화와 재난

통역 브리핑

주　　제	기후변화와 재난
연 설 자	한비야 세계시민학교 교장
연설시간	약 1시간
통역상황	간이 통역 부스, 흔들리는 크루즈 안 강연장
준 비 물	사전 발표 자료, 정리한 단어장, 포트스 잇, 노트테이킹 노트, 필기구, 노트북, 개인 헤드셋, 음료수, 테이프 등

🎧 통역 준비

☑ 현장에 가면 꼭 연설자와 만날 것.

☑ 발표문이 있는지 확인 후, 가능한 천천히 이야기해 줄 것을 부탁했다.

☑ 유튜브 등에서 검색해 연사의 강연 영상을 보며 어투에 익숙해진다.

☑ 에너제틱하고 빠른 말투의 연사 특성상 빠른 속도의 통역에 대비해야 한다.

☑ 파트너 통역사와 시간이 아니라 발표자료 페이지 단위로 나눠서 통역하기로 했다. 이 부분은 통역 시작 전, 아니면 사전 공부할 때 나눠 놓으면 효율적으로 공부할 수 있다. Q&A 시간에 본인이 담당한 부분에서 질문이 나오는 경우에는 본인의 통역 시간이 아니더라도 본인이 하는 게 낫다.

기후변화가 재난에 미치는
영향 및 대응

기후변화가 재난에 미치는
영향 및 대응

피스앤그린보트
P&GBOAT

2017년 7월 30일
한비야
(월드비전 세계 시민학교 교장)

2

지구집의 현안

1.
2.
3.
4. 도시화
5. 질병의 확산
6. 인구 분포의 변화 및 이동
7. BRICS의 부상
8. 제 4차 산업혁명

기후변화의 영향

지구 온난화로 인한 결과

1. 물부족
2.
3. 사막화
4.
5. 환경난민
6.

기후변화로 인한 자연재난의 종류

1.
2. 홍수
3. 산사태
4.
5. 가뭄
6. 혹한
7.

기후변화로 인한 인적 재난(전쟁)의 예

- **다르프르 (2003-4년)**

  사헬지역의 가뭄심화 -> 물부족

- ✓ 30만명사망, 이재민 220만명
- **시리아 (2011년-현재)**

  2006년 시작된 가뭄으로 촉발 ->식량부족
- ✓ 2011년부터 100만명가량 굶주림
- ✓ 25만명 사망, 600백만명의 난민발생
- **소말리아 (1991년- 현재)**
- ✓ 2011년 극심한 가뭄
- ✓ 400만명이 기아상태
- ✓ 20만명 사망

기후변화로 인한 재난의 피해

- **인명및 재산 피해**

- 1995년 – 2016년 20년간
  기후재난으로 발생한

  ✓ 사망자 - 60만명
  ✓ 부상등 긴급구호가 필요했던 사람 – 40억명
  ✓ 전 세계적으로 매년 300조원

  ✓

- **재난의 횟수와 크기 급증**

  - 2005년-2014년 10년간의 재난 횟수는
      1995년-2004년 대비 약 15%증가
      1985년-1994년 대비 약 두배 증가

  -

기후변화와 재난의 빈도와 강도

✓약 ??? %가 가난한 국가의 가난한 국민
✓빈곤층의 70%는 여성
✓어린이와 여성은 성인 남성의 14배로 취약함

✓**기후변화에 따른 빈곤층과 불평등 심화**
➢ 가장 가난한 사람들에게 가장 가혹
➢ 대부분이 농업, 어업, 유목 등 일차산업 종사인구
➢ 재난 대비도 부족하고 재난 후 복구도 더디지만 취약한 곳에 살기 때문에 반복적으로 재난을 당함 .

기후변화에 어떻게 대응할 것인가?

<세가지 방법으로>

1. 기후변화 연구및 인식제고
2. 기후변화 완화 (CC Mitigation)
   - *온실가스 감축 노력/선진국을 중심으로*
3. 기후변화 적응(CC Adaptation)
   - *부정적 영향 최소화/개발도상국을 중심으로*

어떻게 기후변화에 적응하는가?

- 재난의 크기 =

$$\frac{취약정도(Vulnerability) \ X \ 재난 \ 강도 \ (Hazard)}{대응 \ 능력(capacity)}$$

즉, 기후변화로 인한 재난 피해를 줄이려면?????
➢ 대응능력은 높이고, 물리적, 사회적 취약정도는 낮춰야 함!!!

- DRR (Disaster Risk Reduction)
- UNISDR (UN International Strategy for Disaster Reduction)
- Hyogo Framework For Action/ Sendai Framework

재난관리의 단계

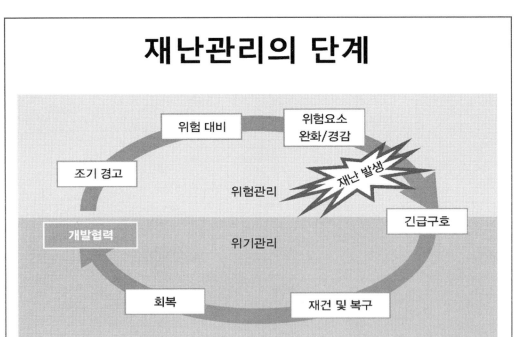

재난 관리의 제일 중요한 주체는?

- 재난을 당한 지역주민, 지역정부, 해당 국가다!

- 때문에 이들의 대응 역량을 높이고, 취약성을 낮추는
  게 최우선과제!

재난 관리의 주체는 누구인가?

- 공여국
- UN등 국제 구호기구
- 적십자
- 국내외 NGO
- ?????

Any Questions?

단어장1)

기후변화	
산사태	
가뭄	
사랑은 뜨겁게 지구는 차갑게	환경재단에서 자주 사용하는 구호

---

1) 실제 통역 준비를 하면서 본인이 직접 정리해 보기 바란다. 단어 정리 등 통역 준비를 하고 실제 통역을 해보면 어떤 식으로 통역 준비를 해야 하는지 감을 잡을 수 있다.

통역 크리틱1)

체크 사항	상	중	하
전반적으로 부드럽게 통역을 해 나갔는가.			
통역 속도는 일정하였는가.			
통역 시 목소리 톤은 일정하였는가.			
문장을 끝까지 완성하였는가.			
숫자나 연도는 틀리지 않았는가.			
단어나 표현이 빠지지는 않았는가.			
오역은 없었는가.			
불필요한 소리 (어~, 음~) 등이 있었는가.			
부정확한 발음은 없었는가.			
침묵 시간이 길지는 않았는가.			
더듬거나 문장을 다시 바꾸지는 않았는가.			

* 빈칸에 본인이 느낀 체크 사항을 기입하고 크리틱을 한다.

통역 난이도2) :

연설 속도	발음	내용
상(빠름)	중하(방송상태 안 좋음)	중(보통)

연설 속도	발음	내용

---

1) 이 부분은 학습자가 실제로 통역을 하고 이를 녹음해서 체크해 보기 바란다.
2) 어디까지나 개인적인 의견이며 참고만 하길 바란다. 학습자의 생각도 적어보자.

실제 통역 현장에서는 통역의 속도가 중요하다.

간이 부스에서 통역하였으며 음질이 안 좋아 애를 먹었던 통역이었다.

음성 파일은 통역하기 편하게 최대한 수정을 하여 노이즈를 잡고 볼륨을 높였다.

MEMO

부록

Q&A

통번역대학원을 준비하는 학생들과 재학생, 그리고 통번역에 관심이 많은 분들이 자주 하는 질문에 대해 정리를 해 보고자 한다. 편하게 이야기하는 식으로 써보고자 한다. 어디까지나 개인의 경험과 생각을 이야기한 것이기 때문에 참고만 하기 바란다.

 통번역대 준비생

1. 학부가 듣보잡인데요 학부 학점이 안 좋습니다. 전공이 일본어가 아닙니다. 입시에 영향이 있을까요?

학부가 듣보잡이어도 상관없습니다. 입학해서 장학금 받고 다니는 사람도 봤습니다. 그리고 대학원 들어오면 아무도 그런 거 신경 안 씁니다. 대학원 들어오기 위해 좋은 학부를 다시 갈 건 아니잖아요. 그런 걱정할 시간에 단어 하나 더 외우세요^^ 학점은 전혀 상관이 없습니다. 입시공고를 보더라도 학부 학점을 반영한다는 대학원은 없습니다. 학점 좋다고 통번역을 잘 하는 것은 아니잖아요^^ 전공이 일본어가 아니어도 입시 때는 상관없습니다. 대학원 다닐 때 비전공자가 일본 전통문화에 약간 약점을 보이는 경우를 보기는 했으나 크게 문제가 될 정도는 아니었던 거 같습니다. 비전공자가 오히려 졸업하고 본인의 학부 전공을 살릴 기회도 더 많습니다. (예: 미술전공자가 통번역대 졸업하고 미술관련 통번역을 하는 경우. 학부 공대 졸업자가 통번역대 졸업 후 산업통역하는 경우 등)

정리를 하자면 학부, 전공, 학점 모두 입시에 아무 필요 없습니다. 그냥 지원자격이 되는 지를 확인하는 절차일 뿐입니다. 학부 졸업예정자나 졸업자시라면 이런 거 신경 쓰지 마시고 열심히 공부에 전념하시길…^^

2. 통대 준비학원을 꼭 다녀야 하나요?

합격만 한다면야 안 다녀도 상관은 없습니다. 하지만 합격하고 나서 수업을 따라가기 힘들 수도 있습니다. 학원을 다닌 사람들이 대개 7-80% 이상은 될 것입니다. 그들이 아는 것을 본인만 모르면 뭔가 조급함도 생기고 이질감 같은 것을 느끼기도 합니다. 선행학습이라고나 할까요? 남들 다 공부하고 들어 왔는데 나만 안 한 느낌? 저도 3개월 다니고 들어왔는데 처음에 엄청 힘들었습니다. 다행히 동기가 2년동안 학원에서 공부한 자료를 공유해줘서 1학기는 저녁에 학원자료를 죽어라 공부했었습니다. 좀 아이러니 하지만 학원은 잠시라도 다니는 게 좋습니다.

3. 듣기는 90% 이상 되는데요…제 언어 실력이 어느정도 될까요?

본인의 듣기 실력이 몇%다라고 말하는 학생들이 참 많습니다. 도대체 그 평가는 누가 내려주는 건지…^^; 그건 본인 생각이고 그것보다 더 심각한 수준일 겁니다. 대개 본인에게는 후한 점수를 주니까요. 통번역대학원 입시 시험은 듣기 시험이 아닙니다. 듣고 이해하고 요약하는 시험이지요. 리스닝 뿐만 아니라 요약, 쓰기도 잘 해야 합니다. 여러분이 통역을 한다고 생각을 해 보세요. 잘 들으면 뭐 합니다. 요약하거나 말하기가 안 되면 통역을 제대로 못 하겠죠. 이런 능력을 보는 시험이기 때문에 듣기만 된다고 합격할 수는 없답니다.

4. 서울외대, 이화여대, 한국외대 등 통역대학원이 있는데 어디가 좋을까요?

붙고나서 고민해도 늦지 않습니다. 역사와 전통은 당연히 한국외대지요. 그 다음이 이화여대이고 서울외대입니다. (수도권 한정입니다^^) 각 학교마다 입시 스타일이 다르니 스타일에 맞추어 공부를 해야 하는 어려움도 있겠지만 서울외대 출신인 본인의 경험에 따르면 이제는 큰 상관이 없을듯합니다. 한국외대만 뽑는 곳, 이화여대만 뽑는 곳, 서울외대만 뽑는 곳이 없지는 않습니다. ^^ 이전처럼 심하지는 않습니다. 요즘은 여러 통대 출신이 한팀이 되어 일하는 분위기도 많습니다. 하지만 후발주자인 서울외대나 중앙대, 선문대 등을 나왔다고 피해를 보지는 않습니다. 서류 통과되고 나면 어차피 면접에서 통번역 실력으로 가려지기 때문입니다. 대학원에 들어가 피 터지게 공부해야 하는 까닭입니다.

5. 한국외대를 가야 취업하기 쉽나요?

음….취업의 정의가 어떻게 되느냐를 생각해 봐야 할 거 같은데….통번역사를 정규직으로 뽑는 곳은 정말 한정되어 있습니다. 연봉도 그다지 좋은 편이 아니구요. 대개는 비정규직입니다. 참으로 슬픈 현실이죠. 우리나라는 아직도 통번역을 조금은 무시하는 분위기인 거 같아요. 언어를 조금만 하면 다 되는 줄 아니까요. 특히나 일본어는 더욱 그렇죠ㅜㅜ 외대를 간다고 정규직에 들어가고 다른 대학원을 나오면 비정규직이고 그런 것은 없습니다. 회사에서 정규직을 잘 뽑지 않으니까요. 정규직에 다니고 싶으면 다른 대학원을 가는 게 좋을 수도 있습니다. 아니면 통번역사를 채용하는 회사 중에 정규직을 채용하는 곳을 선별해 두고 본인이 준비를 하는 수 밖에 없습니다.

그리고 한국외대 나왔다고 취업이 잘 되는 건 아닙니다. 요즘은 통역사의 수요보다 공급이 많은 상태라 경쟁이 치열합니다. 통번역사도 양극화가 일어나고 있는 것 같은 느낌이 들어요. 소위 잘나가는 통역사와 못 나가는 통역사. 용의 꼬리가 될 것인지, 닭의 머리가 될 것인지는 본인이 선택할 사항이지만 닭의 머리가 되기도 쉽지는 않습니다. 열심히 공부하세요ㅜ

6. 직장을 다니며 통번역 대학원을 다닐 수 있나요?

아마 힘들 겁니다. 통번역 대학원 수업이 일반대학원과 달리 수업이 많아요. 일반대학원은 대개 한 과목당 3시간이고 수업을 선택해서 들을 수 있어 하루에 3과목을 들을 수도 있지요. 하지만 통번역대학원은 대개 한 과목당 2시간이며 한학기에 들어야 하는 수업이 5과목(최소, 한일통역, 일한통역, 한일번역, 일한번역 그리고 기타 공통과목) 이상이라 하루나 이틀에 다 몰아서 하는 것도 아니라 직장을 다니며 하기에는 힘들 것 같습니다. 간혹 직장을 다니며 공부를 했다는 사람이 있다는 말을 들은 적은 있지만 직접 보지는 못 했습니다. 그리고 풀타임으로 일하면서 하기는 힘들어요. 학교 다닐 때는 과제와 공부하기에도 시간이 빠듯하답니다.

통번역대 재학생

7. 번역보다 통역에 소질이 있는 것 같습니다. 통역만 공부할 수 없을까요?

번역과 통역은 상호 뗄래야 뗄 수 없는 관계에 있습니다. 통역이 번역보다 우선시되는 경향이 있지만 번역을 열심히 해 놓아야 통역도 할 수 있는 거지요. 평소에 이런 표현은 어떻게 번역할까, 이런 표현은 어떻게 패러프레이징을 할까 생각하고, 그 표현들을 정리하고 쌓아 두면 이것이 통역을 할 때 유용하게 써 먹을 수 있는 무기가 되는 것입니다. 번역 공부도 게을리하면 안 되는 이유입니다. 「통역은 기계처럼, 번역은 창의적으로」^^

8. 순차 통역 연습 시 말이 잘 안 나옵니다. 노트테이킹 기호를 많이 만들어야 할까요?

순차통역의 기본은 듣기입니다. 잘 들어야 내용을 이해할 수 있기 때문입니다. 노트테이킹을 하다보면 주객이 전도되어서 잘 듣기보다 노트테이킹에 신경을 더 써버리는 경우가 생깁니다. 그러면 노트테이킹이 기억을 도와주는 역할을 더 이상 못 하게 됩니다. 노트테이킹을 해독하는 수준에 이르게 되지요. 노트테이킹 기호를 많이 만들어도 자주 사용하지 않으면 "이게 뭐엿더라~""앗, 이 표현 기호 만들었는데" 이런 식으로 악순환에 빠지게 됩니다. 메모리 스팬을 더욱 늘리는 연습을 하는 것이 좋습니다. 머리속에 이해가 되어 있을 때 통역 퍼포먼스도 한결 부드럽게 잘 나옵니다. 메모리입니다. 메모리.

9. 통시 통역 연습 시 간섭현상이 나옵니다. 갭 필러도 많이 나오구요.

간섭현상(일한 통역시 일본어가 나오거나, 한일 통역시 한국어가 섞여서 나오는 현상)이 나오는 것은 연습량이 부족하기 때문입니다. 개인적으로 통역은 질보다 양이라고 생각합니다. 위에서도 말씀드렸듯이 「통역은 기계처럼, 번역은 창의적으로」. 동시통역의 경우 기계적으로 나와야 합니다. 많은 연습을 통해 입에 익숙해지도록 연습을 하셔야 합니다. 갭 필러가 많이 나오는 것도 기계적으로 표현이 안 나오다 보니 머리속에서 한번 생각을 하다 보니 나오는 것입니다. 통역 공부를 할 때는 입으로 중얼거리지 말고 정확하게 발음, 소리를 내서 연습하는 습관을 가지도록 하세요. 그리고 가능하면 녹음을 해서 들어 보기 바랍니다. 자신의 목소리가 타인에게 어떻게 들리는지 알 수가 있고 몰랐던 습관을 인식하는 계기가 될 수 있습니다.

10. 통역사님은 학창시절 어떤 책으로 공부를 하셨나요?

저는 대개 신문과 시사잡지로 공부를 했습니다. 신문은 일본 관련 기사가 나오면 일본 기사와 한국기사를 비교해 보면서 표현들을 공부했고, 주간지, 월간지도 마찬가지였습니다. 그리고 주식, 펀드, 경제 전문지와 일본 전문 서적을 사서 읽으면서 경제 분야 공부를 많이 했습니다. 그러다 보니 실제 현장에서 딱딱한 시사나 경제 관련 통역은 강한 편인데 문학이나 영화 같은 감성적인 표현에 약해서 이 분야는 통번역을 하면서 애를 많이 먹었습니다. 재학 시 딱딱한 시사책들 외에도 부드러운 문학 소설이나 영화 소개 같은 감성적인 글들도 많이 읽어 놓으면 좋을 듯합니다.

11. 단어 정리는 어떻게 하나요?

학교 다닐 때는 노트를 7권 사서 분야별로 나누고 정리를 했습니다. 손으로 쓰면서 한번도 공부가 되니 좋았던 거 같습니다. 졸업 후에는 엑셀에 정리하고 있습니다. 두 방법 모두 장단점이 있는 것 같습니다. 손으로 쓰는 것은 머리에 잘 들어오는 반면 나중에 단어를 찾을 때 시간이 걸립니다. 엑셀로 정리를 하면 편하기도 하고 시간도 절약이 되지만 머리에 잘 들어오지는 않습니다. 대신 단어를 검색할 때는 편하지요. 처음에 어떤 식으로 정리를 할지 구상을 잘 해보시기 바랍니다.

12. 스터디할 때 틀린 부분에서 또 틀리거나 막힙니다.

스터디 방법에 문제가 있는 것 같습니다. 통번역은 복습이 중요합니다. 물론 현장에서는 예습이 중요하지만. 틀린 부분에서 또 틀린다는 것은 완전히 본인 것으로 만들지 못하고 다음 공부를 했다는 것입니다. 그러면 의미가 없습니다. 통번역 대학원에서의 공부를 이렇게 생각해 봅시다. 입학시 A4 1장에서 10개의 표현을 틀렸다면 1학년때 5개, 2학년 때 5개씩 오답을 줄여 나가 졸업시에는 오답이 하나도 없이 만점 답안지를 제출하고 나가는 과정이라고. 때문에 복습이 중요합니다. 저는 평일에 스터디한 자료를 주말에 복습하는 식을 공부했습니다. 그리고 매 학기 첫번째 스터디에 사용했던 자료를 방학 마지막 스터디 때 사용해서 어느정도 달라졌는지를 체크했습니다. 스터디할 때 참고하시기 바랍니다.

13. 번역 클리틱에 대한 제안.

외국어를 하다 보면 이미 그 외국어에 알게 모르게 오염이 되게 마련입니다. 여러분은 이미 알게 모르게 일본어 표현에 오염이 된 것이지요. 그렇기 때문에 일한 번역의 경우 같이 오염된 사람끼리 클리틱을 하더라도 찾지 못하고 지나가는 부분들이 나오기 마련입니다. 그래서 출판사에서도 전문으로 교정만 보는 사람들 두는 것이죠. 중국어과나 영어과 학생들에게 한국어로 번역된 텍스트를 주고 클리틱을 부탁해 보세요. 그러면 아마 여러분끼리 클리틱을 했을 때와는 다른 의견들이 나올 것입니다. 그런 부분을 참고하는 것도 많은 공부가 될 것입니다.

14. 동기들끼리 사이 좋게 지내기.

공부에 치이다 보면 시야가 좁아지기 마련이고 민감해져 동기들끼리 다툼도 많이 일어나기 마련이다. 특히 같은 과내에서 트러블도 문제지만 영어과나 기타 타과와의 관계도 껄끄러워진다. 조용하게 자신들끼리 뭉쳐서 소곤소곤 대는 일어과의 특성상, 나대는 영어과나 시끄러운 중국어과와 사이가 안 좋아지기도 한다. 싫어도 비즈니스적인 마인드로라도 접근하자. 장차 여러분에게 일을 가져다줄 에이전시, 고객들이다. 타과와 친해서 손해날 일 없다. 그리고 자기과 동기가 잘 나간다고 시샘하지 마라. 그 친구가 일 물어다 준다. 동기들끼리 잘 뭉치는 기수가 잘 나가는 거 같은 생각이 든다. 뭉치면 살고 흩어지면 죽는다 하지 않았던가. 동기 사랑이 곧 자기 사랑이다.

졸업생, 프리랜서

15. 졸업 후 커리어 관리를 어떻게 해야 할까요?

처음에는 이력서에 쓸 경력도 몇 줄 안 돼서 고민이 많을 것이다. 이 때는 시계열로 그냥 경력사항을 쓰다가 2-3장이 넘어가면 동시, 순차, 번역 등으로 분야를 나눠서 쓰는 게 좋다. 그리고 경력이 더 쌓이면 전문분야별로 나누는 것도 좋다. 에이전시에 이력서를 보낼 때도 최소 연초에 한번은 갱신된 이력서를 보내고, 분기별로 보내는 게 좋다. 자기 PR 시대다. 이력서 많이 뿌려 나쁠 것 없다.

16. 프리랜서로 활동하고 싶은데 어떤 부분을 중요시해야 할까요?

통번역 업계는 일이 봄, 가을에 많고 여름, 겨울에 없는 게 특징이다. 그렇다 보니 봄, 가을에 열심히 벌어 여름, 겨울을 나야 한다. 하지만 시대적 상황에 따라 봄, 가을에 일이 없을 수도 있다. 몇 년전 메르스가 창궐했을 때 그랬다. 한창 시즌인데 메르스 때문에 한국으로 아무도 안 와서 회의가 취소, 연기되어 일이 없었던 적이 있다. 일본어는 더욱 그렇다. 아베 총리가 위안부 문제나 독도 문제 발언하면 그걸로 끝이다. 일본어는 외부 요인에 영향을 많이 받는 시장 중 하나다. 그렇기 때문에 매달 정기적으로 들어오는 통역을 잡는 게 중요하다. 정기적으로 들어오는 통역은 통역 요율보다 저렴한 경우가 많다. 장단점이 있지만, 프리랜서는 매달 정기적으로 들어오는 수입의 최소 한도를 높이는 게 중요하다. 여러분의 건투를 빈다^^

17. 프리랜서 보다는 인하우스로 일하고 싶습니다.

통번역직은 비정규직이 많습니다. 정규직의 경우는 통번역 일 이외에 기타 업무를 해야 하는 경우도 많구요. 기타 업무에 못 견디고 일을 그만두는 통역사들도 많습니다. 이런 부분을 생각해 두고 직장을 고르는 게 좋습니다. 무턱대고 지원해서 합격 후 고민하는 사람이 많습니다. 정말 가고 싶은 곳만 정해서 지원을 하는 게 좋다고 개인적으로 생각합니다.

18. 현장에서는 속도가 성패를 좌우한다.

실재 통역 현장에서는 속도가 통역의 성패를 좌우합니다. 통역사에 대한 배려는 그다지 많지 않습니다. 연사 또한 엄청난 속도로 연설문을 읽어 내려가는 경우가 부지기수입니다. 대학원 졸업 후에도 꾸준히 스터디를 통해 감각을 유지해야 하는 이유입니다. 본인은 학창시절 보다 졸업 후 현장에서 단련되면서 속도가 빨라진 스타일입니다. 졸업 후에도 더욱 실력이 늘 수 있다는 사실 을 잊지 말고 계속 자신을 갈고 닦아야 합니다. 평생 공부ㅠㅠㅠㅠ

19. 통번역 비용을 못 받았을 때 어떻게 하나요?

우선 통번역 일을 받기 전에 통번역 관련 카페나 사이트 검색을 통해 블랙리스트에 오른 에이전시 인지 확인할 필요가 있다. 블랙리스트에 오른 에이전시의 경우는 안 하는 편이 정신건강에 좋을 듯하다. 일을 처음 받을 때, 페이와 입금일자 등을 정확하게 확인하고 그 후에 일을 시작하는 것이 좋다. 금전적인 부분은 처음에 확실히 이야기를 하고 가는 것이 좋다. 처음에 대충 넘어 가다 보면 후에 서로 오해가 생겨 트러블이 생기기도 한다. (식비, 교통비는 포함인지 출장비는 포함인지, 대기시간 통역비 나오는지, 사전 미팅 통역비 나오는지 등) 통번역비를 못 받았을 시에는 "한국노총 법률상담소" 등에서 무료로 법률 자문을 받을 수 있다. 이런 일이 발생하지 않길 빈다.

20. 컴플레인을 받았어요. 어떻게 하죠?

프리랜서의 숙명이다. 치명적이지만 극복할 수밖에 없는 사항이다. 만약 지속적이고 반복적으로 발생했다면 본인의 문제라고 인식하고 컨설팅을 받아봐야 한다. 본인도 13년간 프리랜서로 활동하면서 통역에서 두 번, 번역에서 한 번 받아봤다. 내 잘못이 컸다고 생각한다. 쉬운 통역이니 그냥 와도 된다는 말 믿고 그냥 갔다가 된통 당했다. 전문용어가 쏟아져 나와 한국어조차 이해를 못 했던 기억이 난다. 그 당시에는 클라이언트 탓을 하며 위안을 삼았지만 지금 생각해보면 내가 오만했던 탓이다. 일본어를 조금할 줄 아는 연사들을 조심해라. 자신의 일본어 실력을 자랑하고 싶어 안달난 사람들이 꼭 있다. 한국어 하다 일본어 하다 한국어 하다⋯.정말 짜증난다. 그럴거면 그냥 일본어로 강연하지⋯난 페이스가 흔들려 통역을 말아먹었다. 파트너는 침착하게 끝까지 잘 했다. 침착하게 끝까지 못 한 내 탓이다. 그 다음부터는 그쪽 통역 안 한다. 좋은 기억이 아니어서. 하지만 언젠간 다시 해보고 싶다. 본인이 이겨내야 할 부분이다.

통역을 정말 잘 했는데 거래가 성사되지 않아서 미안한 적도 있고, 통역을 잘 못 했는데 거래가 성사되어 다시 나를 부르는 경우도 있다. 클라이언트는 내 맘과 다르다. 비즈니스가 성공하면 그 통역사는 잘 하는 통역사, 비즈니스가 실패하면 그 통역사는 못 하는 통역사가 된다. 다 프리랜서 통역사가 짊어지고 가야한다. 프리로 산다는 게 자유로워 보일 수 있지만 그만큼 짊어져야 할 부분도 많다는 걸 알아야 한다.

저 자 약 력

▌우 기 홍

전남대학교 일어일문학과 졸업
서울외대 통번역대학원 한일과 졸업(총장상 수상)
한국외대 국제지역대학원 박사과정수료
한국외대 강사
『일본어통번역사전』 일명 노란책의 저자

www.instagram.com/woo_kihong/

실전! 일본어 동시통역

초 판 인 쇄	2018년 10월 04일
초 판 발 행	2018년 10월 11일
저　　　자	우 기 홍
발 행 인	윤 석 현
발 행 처	제이앤씨
책 임 편 집	최 인 노
등 록 번 호	제7-220호
우 편 주 소	서울시 도봉구 우이천로 353 성주빌딩 3층
대 표 전 화	02) 992 / 3253
전　　　송	02) 991 / 1285
홈 페 이 지	http://www.jncbms.co.kr
전 자 우 편	jncbook@hanmail.net

ⓒ 우기홍 2018 Printed in KOREA.

ISBN 979-11-5917-126-0 13730　　　　　　　　　정가 13,000원